大学生创新创业基础教程

主　编　张雅伦　张丽丽
副主编　戚　健　王　倩　张　鹏
参　编　张　冉　杨　正　陶　琳
主　审　孙晓静　刘冬梅

北京理工大学出版社
BEIJING INSTITUTE OF TECHNOLOGY PRESS

版权专有 侵权必究

图书在版编目（CIP）数据

大学生创新创业基础教程／张雅伦，张丽丽主编．—北京：北京理工大学出版社，2018.3（2021.9 重印）

ISBN 978－7－5682－5373－4

Ⅰ.①大…　Ⅱ.①张…②张…　Ⅲ.①大学生－创业－高等学校－教材　Ⅳ.①G647.38

中国版本图书馆 CIP 数据核字（2018）第 044601 号

出版发行 /	北京理工大学出版社有限责任公司
社　　址 /	北京市海淀区中关村南大街 5 号
邮　　编 /	100081
电　　话 /	（010）68914775（总编室）
	（010）82562903（教材售后服务热线）
	（010）68944723（其他图书服务热线）
网　　址 /	http://www.bitpress.com.cn
经　　销 /	全国各地新华书店
印　　刷 /	三河市天利华印刷装订有限公司
开　　本 /	787 毫米 × 1092 毫米　1/16
印　　张 /	11.25
字　　数 /	265 千字
版　　次 /	2018 年 3 月第 1 版　2021 年 9 月第 5 次印刷
定　　价 /	36.00 元

责任编辑／李慧智
文案编辑／李慧智
责任校对／周瑞红
责任印制／施胜娟

图书出现印装质量问题，请拨打售后服务热线，本社负责调换

前　言

习近平总书记指出："全社会都要重视和支持青年创新创业，提供更有利的条件，搭建更广阔的舞台，让广大青年在创新创业中焕发出更加夺目的青春光彩。"十九大报告中提出："激发和保护企业家精神，鼓励更多社会主体投身创新创业。"国务院《关于大力推进大众创业万众创新若干政策措施的意见》中明确指出，推进大众创业、万众创新，是培育和催生经济社会发展新动力的必然选择，是扩大就业、实现富民之道的根本举措，更是激发全社会创新潜能和创业活力的有效途径，是实施创新驱动发展战略的重要支撑。显然，大学生创业是我国第四次创业浪潮的中坚力量，而高校也成为培养创新创业人才的重要阵地。

创业是一项高风险的商业活动，如何激发大学生的创业热情，帮助大学生了解创业知识，降低大学生创业风险，营造浓厚的创业氛围，这不仅需要有利的宏观环境，更需要从内部解决好大学生自身素质能力提升的问题。因此，在高职院校面向全体大学生开设创新与创业教育相关课程，正是提升大学生创新创业能力的有力举措。

本书在编写过程中广泛征求了创业成功人士、企业界人士及国家级创客中心、众创空间、创业孵化园创办人的意见，力求体现以下特点：

一、内容深入浅出，更适合高职学生使用。本书简要介绍了一些创新和创业的理论，从最实用的内容入手，结合高职学生特点编写而成。

二、书中创业部分以实际创业流程为主线，学习的过程也是模拟创业的过程。

三、本书在内容取舍、案例分析等方面力求面向实践、重在应用，便于读者将知识运用到实际创业之中，方法有用、高效、可操作性强，可满足高职学生的创业需求，解决创业中出现的普遍问题。

本书内容可供高职院校进行30～60学时的教学使用，也可以作为创新创业教育人员的参考资料及学生课后的学习读本。本书由河北能源职业技术学院孙晓静、刘冬梅教授主审，张雅伦、张丽丽担任主编，戚健、王倩、张鹏担任副主编，张冉、杨正、陶琳参与本书编写。具体分工如下：项目一由张丽丽完成；项目二、三、四、五、六由张雅伦完成；项目七由戚健、王倩完成；项目八由张冉、陶琳完成。书中电子资源由杨正完成。在本书的编写过程中，参考和使用了有关资料，在此谨向这些资料的作者致以诚挚的谢意。

编者希望在今后教学实践与研究过程中不断完善、更新本教材，也希望得到更多的意见和帮助。由于时间仓促和编者水平有限，书中定有不尽人意之处，热忱欢迎同仁及读者朋友批评指正，可通过邮箱 lunvarzyl@163.com 与我们取得联系。

目 录

项目一　初识创新与创业 ··· 1

　　情境一　了解创新与创业的内涵 ····································· 1
　　情境二　认识创新精神与创新能力 ·································· 16
　　情境三　培养创新思维 ·· 24
　　情境四　学习创新方法 ·· 45

项目二　构建创业团队 ·· 68

　　情境　了解创业者的素质要求 ······································ 68

项目三　企业的法律形态与环境 ·· 80

　　情境一　了解企业法律形态 ·· 80
　　情境二　了解企业法律环境 ·· 83

项目四　评估创业市场 ·· 94

　　情境一　了解顾客 ·· 94
　　情境二　了解你的竞争对手 ·· 98
　　情境三　制订市场营销计划 ······································· 100
　　情境四　预测你的销售量 ··· 106

项目五　预测启动资金 ··· 108

　　情境　启动资金分类 ··· 108

项目六　撰写创业计划书 ··· 114

　　情境一　认识商业模式的内涵与种类 ······························· 114
　　情境二　创业营销与策划 ··· 124
　　情境三　创业计划书 ··· 132

· 1 ·

项目七　创业融资 ·· 138
　　情景一　认识创业融资的内涵 ··· 138
　　情境二　确定创业融资的渠道 ··· 140
　　情境三　创业融资决策 ··· 143

项目八　创业游戏环节 ·· 146

附录 ·· 157

参考及推荐阅读目录 ··· 174

项目一　初识创新与创业

情境一　了解创新与创业的内涵

【阅读材料】

2014年9月，国务院总理李克强在夏季达沃斯论坛上公开提出了"大众创业、万众创新"的号召，也就是现在人们经常提到的"双创"。当时，他提出要在960万平方千米土地上掀起"大众创业""草根创业"的新浪潮，形成了"万众创新""人人创新"的新态势。

2015年3月在全国两会上，李克强总理在政府工作报告中指出要把"大众创业、万众创新"打造成推动中国经济继续前行的"双引擎"之一。

2015年6月，国务院发布关于大力推进大众创业、万众创新若干政策措施的意见，文件中指出推进大众创业、万众创新，是发展的动力之源，也是富民之道、公平之计、强国之策，对于推动经济结构调整、打造发展新引擎、增强发展新动力、走创新驱动发展道路具有重要意义，是稳增长、扩就业、激发亿万群众智慧和创造力，促进社会纵向流动、公平正义的重大举措。

2016年6月，教育部关于中央部门所属高校深化教育教学改革的指导意见中以"创新、协调、绿色、开放、共享"五大发展理念为引领，全面贯彻党的教育方针，落实立德树人的根本任务，以支撑创新驱动发展战略、服务经济社会发展为导向。

2017年5月，"大众创业、万众创新"已经写入联合国的史册。在新经济形势下，全世界各国纷纷制定创新创业战略。

(材料来源：互联网)

1.1　创新及相关概念

在当今生活中"创造、创新、创意"3个词语频繁地进入人们的眼球，在国家双创的大背景下，大家对于这些词语的理解也越来越深入。无论是创造、创意还是创新，都有一个"创"字，如何发挥创的含义，需要我们深入思考和了解每个词语的含义。

1.1.1 创造

什么是创造？创造本身有很多解释，从不同的角度理解也不尽相同，从社会学的角度来解释创造，就是把以前没有的事物创立或者制造出来。这是一种典型的人类自主和能动行为。因此，创造的一个最大特点是有意识地对世界进行探索性劳动的行为。因此，想出新方法、建立新理论、做出新产品都是创造的结果。我们用的手机、电脑等都是一种被创造出来的事物，它们是一种不断演化与改进的过程。每一件事物，都有创造的思想在其中，它们在起初也都是尚未被发现的。

关于创造的过程，创造学的研究者有多种描述，分别是"三阶段说""四阶段说"和"七阶段说"。目前，学术界比较流行的是美国创造学家沃勒斯的四阶段说，无论是科学或者艺术的创造，一般都经历着四个阶段。

第一阶段（准备期）：主要是发现问题，收集相关资料，参考别人或者前人的知识、经验并从中得到一定的启发。

第二阶段（酝酿期）：这一阶段主要是冥思苦想，对问题做出各种试探性的解释。

第三阶段（明朗期）：是指在上一阶段酝酿成熟的基础上豁然开朗，产生了灵感和顿悟。

第四阶段（验证说）：对灵感或者顿悟得到的新想法进行检验和证明。

创造过程就是创造性解决问题的过程，从问题到答案的得出，是一个渐变阶段，中间可能产生过程中断。渐变阶段就是运用熟悉的知识和经验去解决问题的阶段。如果是一般的问题，渐变阶段就可以直接解决。如果问题具有挑战性，渐变阶段就会中断，这时候需要新的思路和观念来连接中断的过程，而新观念或新思路一般不会自然发生，要酝酿、积累、等待，等待突变阶段的发生，直到最后得到验证性的正确答案。通常认为，突变阶段的出现是创造过程的显著特征。

美国创造心理研究者泰勒根据创造成果的新颖程度、复杂性、新产品的性质以及对社会的共享，将创造分为五个层次：

（1）表露式的创造

表露式的创造是一种即兴而发且具有某种创意的行为表现。这种创造老少皆宜，参与者率性而为，不计产品的作用与效果，是一种自得其乐的创造活动。例如，即兴表演、诗人有感而发、儿童涂鸦等。

（2）技术性的创造

技术性的创造是指运用一定的科技原理和思维技巧，为解决某种实际问题而进行的创造。例如，提高工艺或者生产效益的创造等。

（3）发明式的创造

发明式的创造是在已有的事物基础之上，产生出与以往曾有过的事物全然不同的新事物的创造。例如，电灯、电话的发明。

（4）革新式的创造

革新式的创造是在旧事物的基础上产生新事物，且否定旧事物、旧观念，并提出新观念的创造。例如，新工具的出现代替旧工具。

（5）突现式的创造

突现式的创造指与原有事物无直接联系，从无到有地突然产生出新观念、新事物的创造。例如，诺贝尔奖的重大科学发现。

【案例1】

复印机的发明

起初，爱迪生发明的石蜡纸，只是普遍运用于食品的包装材料上。后来，他尝试在蜡纸上刻出文字轮廓，形成一张石蜡刻字纸版，在纸版下垫上白纸，再用墨水的滚轮从刻字的石蜡纸上滚一滚，奇妙的事发生了，白纸上出现清楚的字迹。之后又经过多次的改良试验，1976年，爱迪生开始量产他发明的复印机。一下子，机关、学校、事业单位、团体都开始采用这种蜡纸油印机。由于爱迪生的复印机大受欢迎，风行全球，使他深切体验到，应该发明人们普遍而且深切需要的东西。

（材料来源：《TRIZ及应用》一书）

1.1.2 创意

【案例2】

是什么让《盗梦空间》的票房卖到6亿美元？

《盗梦空间》又名《奠基》，是由克里斯托弗·诺兰执导的当代动作科幻片，由莱昂纳多·迪卡普里奥和玛丽昂·歌迪亚主演。影片讲述了莱昂纳多·迪卡普里奥扮演的造梦师，带领约瑟夫·高登-莱维特、艾伦·佩吉扮演的特工团队，进入他人梦境，从他人的潜意识中盗取机密，并重塑他人梦境的故事。该影片上市以后创下了6亿美元的票房。到底是什么让《盗梦空间》如此受到影迷的欢迎，难道只是强大的演员阵容和出色的导演？还是影片里的数字化和高科技？好像这些都不足以使其成就这样高的票房。最主要的还是影片内容的创意性，使该影片有了很好的灵魂，加之特效和强大的演员阵容及导演的知名度，才使其收获颇多。

导演兼编剧的克里斯托弗·诺兰执将"分享梦境"的主题概念搭配上男主角寻找爱妻的情感内核，再加上数字和精神分析学给剧情、细节赋予逻辑，成就了《盗梦空间》的创意。

（材料来源：互联网）

创意是创造意识或创新意识的简称，亦作"刱意"。它是指对现实存在事物的理解以及认知，所衍生出的一种新的抽象思维和行为潜能。创意是一种通过创新思维意识，从而进一步挖掘和激活资源组合方式进而提升资源价值的方法。创意是传统的叛逆，是打破常规的哲学，是破旧立新的创造与毁灭的循环，是思维碰撞，智慧对接，是具有新颖性和创造性的想法，不同于寻常的解决方法。

创意的起源，创——创新、创作、创造……将促进社会经济发展；意——意识、观念、智慧、思维……是人类最大的财富。大脑是打开意识的金钥匙，创意起源于人类的创造力、技能和才华，创意来源于社会又指导着社会发展。人类是创意、创新的产物。类人猿首先想到了造石器，然后才动手把石器造出来，而石器一旦造出来，类人猿就变成了人。人类是在创意、创新中诞生的，也要在创意、创新中发展。

头脑风暴法（Brainstorming）是最为人所熟悉的创意思维策略，该方法是由美国人奥斯本（Osborn）于1937年所倡导，此法强调集体思考的方法，着重互相激发思考，鼓励参加者于指定时间内，构想出大量的意念，并从中引发新颖的构思。书的后面章节会讲到头脑风暴的相关知识，在这就不做多的介绍。

【案例3】

房价这么贵，电视机应该怎么放？

在当今房价比较贵的情况下，拿出1平方米来放电视都觉得浪费，电视机太大，太占位置怎么办？有人就根据这个问题有了一个新的创意，用隐藏式电视支架，想把电视放哪就放哪。然后，人们就设计出了3种形式的支架，可选反转支架、标准弹出式支架和延展弹出式支架（如图1-1所示）。可选反转式支架两面都能派上用处，一面可以拿来放电视，一面可以当画框，也可以当镜子。想看电视的时候就按住按钮拖动气弹簧，便会将它180度翻转，看完电视后再翻转回去，谁能发现这画的后面还藏着一台电视呢？标准弹出式支架可以把电视安放在床头墙上，按下按钮便会弹出，电视出现于完美的角度和距离，看完后又会缩回墙壁。延伸弹出式支架，比标准的弹出支架长些，只需要把支架拉出来大约3厘米，它便会靠着气弹簧弹出。人们的一些新的创意使我们在日常生活中节省了很多的空间。

（材料来源：创意铺子）

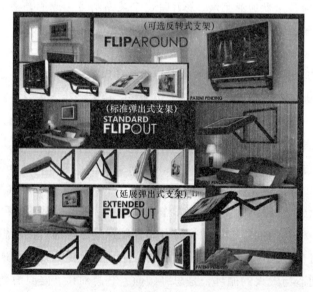

图1-1

创意可以应用在社会和生活的各个方面,包括文化的创意、产业的创意、生活的创意、经济的创意,等等。创意的特点就是新奇、惊人、震撼、实效。创意绝不能重复,创意无处不在,只有好的创意才可以进行创新和创造,甚至是创业。

创意常得益于灵感,它是在灵感诱发下形成的观念形态的想法和念头,整体上比灵感更加完整。因此,创意就有以下几个特征:

1. 突发性

创意源于一闪而现的灵感,是一种突变式的思维飞跃,从而使灵感性材料或灵感启示迅速升华为理性认识,变成想法、意念。

2. 形象性

关于思维方式,爱因斯坦说:"在我的思维机制中,书面的文字和口头的语言似乎不起任何作用,作为思维元素的心理的东西是一些符号和一定明晰度的意象,它们可以由我'随意地'再生组合……这种组合活动似乎是创造性思维的主要形式。"这就是说,爱因斯坦在产生创意时,他主要的思维活动是形象思维。有了创意以后,才可以用概念来审查、推论,运用逻辑思维来证明或否定创意。

3. 自由性

创意思维的目标是确定的,但从思维的方向来说,则是多路的、散漫的、全方位的、灵活的,具有充分的自由性。在创意的选择上,也是自由开放的,可以由着自己的性子去思考自己最愿意做的事,甚至可以是隔行的"业余爱好者"。思维开阔、自由奔放、不受拘束,有时能获得十分宝贵的创意。

4. 创意的不成熟性

创意具有相对模糊性和不成熟性。创意不是创新思维的最终产物,它是介于灵感、经验与创新设计方案之间具有媒介性质的思维存在。因此,创意诞生后,还必须有一个证明或证伪的过程,有一个去粗取精、去伪存真、由表及里的再思维过程。

【游戏1】

可乐置换的创意

鲁百年教授曾经给他的学生做过这样一个游戏,关于可乐瓶兑换的游戏:一听可乐2元人民币,两个空可乐瓶罐可以换1听可乐,现在每个人发6元人民币,问每个人最多能买多少听可乐?不同的人有不同的回答,有的学生认为最多能换4听,有的认为最多能换5听……至于怎么换到4听或者5听,不同的同学也有不同的方法。但是确实有人脑洞大开,说可以换到很多很多听,可以先用6元钱去废品收购的地方收购空可乐瓶,也可以去捡拾空可乐瓶,然后拿两个空可乐瓶去换取可乐,喝空的可乐瓶还可以继续换可乐,这样周而复始下去可以换取很多可乐。除此之外,还有没有更好的创意置换方法呢?请打开头脑,继续想下去。

(材料来源:《创新设计思维》一书)

1.1.3 创新

创新一词"innovation",起源于拉丁语"innovare",翻译为中文意思是"更新、变革、制造新事物"。《现代汉语词典》中"创新"解释为"抛开旧的,创造新的"。

创新的基本定义:指以现有的思维模式提出有别于常规或常人思路的见解为导向,利用现有的知识和物质,在特定的环境中,本着理想化需要或为满足社会需求,而改进或创造新的事物、方法、元素、路径、环境,并能获得一定有益效果的行为。

创新的哲学内涵:指一种人的创造性实践行为,这种实践为的是增加利益总量,需要对事物和发现进行利用和再创造,特别是对物质世界矛盾的利用和再创造。人类通过对物质世界的利用和再创造,制造新的矛盾关系,形成新的物质形态。创意是创新的特定思维形态,意识的新发展是人对于自我的创新。发现与创新构成人类相对于物质世界的解放,是人类自我创造及发展的核心矛盾关系,代表两个不同的创造性行为。只有对于发现的否定性再创造才是人类创新发展的基点。实践是创新的根本所在。创新的无限性在于物质世界的无限性。

创新的社会学解释:人们为了发展需要,运用已知的信息和条件,突破常规,发现或产生某种新颖、独特的有价值的新事物、新思想的活动。创新的本质是突破,即突破旧的思维定式,旧的常规戒律。创新活动的核心是"新",它或者是产品的结构、性能和外部特征的变革,或者是造型设计、内容的表现形式和手段的创造,或者是内容的丰富和完善。

在我国研究和实践领域中,凡是突破传统、具有开拓性的思想、行为、成果等都称之为创新,即广义的创新概念。这也是国内比较倡导的一个概念。它涉及理论创新、观念创新、科技创新、体制创新、制度创新、管理创新、市场创新、模式创新、文化创新、教育创新等几乎所有的领域。

【案例4】

生姜酒店的创新

生姜酒店(Ginger Hotel)是印度酒店集团旗下的一家连锁酒店。印度每天有大约3 400万的商务旅行者,他们不愿支付高昂的豪华酒店费用,这些人群正是生姜酒店的目标客户。生姜酒店提供的"实惠的基础服务"概念,是已故的战略顾问C·K·普拉哈德专门为预算有限的商务旅行者设计的一种非常独特的服务理念。它包括网络预订和"实时房价"的在线查询服务,使顾客能在线查询到当天酒店最优惠的价格。

生姜酒店的目标客户是那些更在乎实惠的价格和基本舒适度,而不是奢侈感受的商务旅行者。正如考希克·慕克吉指出的,生姜酒店的房间比很多同类别的酒店要狭小,以降低每间房间的运营成本。同时,酒店客人真正需要的功能都包括在内,不必要的服务都没有。"自动售货机、前台、ATM机、无线网络连接等服务有助于降低成本,同时为客人提供更好的价值"。慕克吉写道。附加服务,如洗衣和餐饮都外包给合作伙伴。结账和入住登记都可以通过网络或"中央预订系统"实现,从而减少了现场工作人员的数量。在现场的是那些经过培训的、能够有效地代表品牌的工作人员。

生姜酒店通过配置和体验方面的创新吸引了大批被传统酒店忽略的客户群。你能指出在这个过程中，它运用到了哪些创新类型吗？

在配置方面，生姜酒店从网络和构架上进行创新。网络方面，生姜酒店允许合作伙伴将连锁店开设在酒店里。同时酒店提供当地餐馆外卖的菜单，使入住的客人很方便地叫到外卖。构架方面，普通的商务酒店客房与员工比例为 1:1.0～1:1.3，生姜酒店这个比例为 1:0.36。它通过外包业务，如设备管理、洗衣、维修以及食物和饮料服务等，维持最小的人员成本。

在体验方面，生姜酒店从服务和品牌进行了创新。服务方面，放置了自动服务设施，如自动售货机和自动入住机等，鼓励客户自我服务。品牌方面，品牌设计的理念是简单，与酒店的以实惠价格获得基本舒适度的理念一致。

（材料来源：《创新十型》一书）

创新体现在生活和社会的各个方面，创新是人们能动性的首创活动，是破旧立新、与时俱进，是一种新价值的实现或者是新思想、新概念在实际生活中的运用，也可以是形成新思想、新观念和新理论的过程，是一种精神境界。创新作为一种活动，既是一种过程，又是一种境界，具有以下的几个特征：

1. 首创性

首创性即"第一次"，是历史上从未有过的，是"无中生有"或者是"有中生新"。新的变动、新的组合、新的改进等，这都是创新。这种创新可以完全新，也可以部分新，只要是对旧事物的突破，有所超越、有所改进、与别人的有所不同就是创新。

2. 时效性

创新作为一种活动，在思想、理论、技术形成或产品投放市场后，经过一定时间又会被更新的东西所替代，这种替代使得创新具有时效性。正因为这种时效性，所以，我们在开展探索性教学或者进行科学研究时，就必须探索项目所处的时期，并需要对发展的前景进行预测。

3. 成果性

成果性是指创新必须以新的成果体现，不管是物质的还是精神的，是实物还是制度，需要一个载体，将这种创新性展现出来。在创新的过程中可能会失败，失败不是创新，只能是创新的一个阶段或者环节，是不可避免的阶段。最终是以某种载体的形式表现出来。

4. 价值性

创新的价值性体现在创新成果产生的社会效益和经济效益，其价值标准是社会性的，以不损害社会利益为前提。与之相反，那些损害社会利益的活动，即使是首创，也绝不是创新。如制造的新毒品、搞新的迷信活动、发明的新的计算机病毒等，都不是创新。

5. 综合性

从创新活动的过程看，创新是许多人共同努力的结果，即多人投入的产出活动，它既需要技术人员的理论知识和技术，又需要生产者和管理者的共同联合、协作，才能使创新达到预期的目标。因此，创新活动是一项综合性的活动。

创新活动是丰富多彩的，人类不可能永远墨守成规，必然会有发展、变化、开拓与创新。不同范畴、不同领域的创新活动也就必然是多姿多彩的，创新就自然形成了不同的类型。为了全面掌握各种创新的性质特征以及它们之间的区别与联系，就必须对创新进行分类研究。根据不同的标准，可从以下方面对创新进行划分：

1. 根据创新成果的首创性划分

这是最常见的创新划分的方法，这种分类法将创新划分为原始创新、集成创新与消化吸收再创新3大类型。原始创新是属于重大技术领域从无到有的开拓，其本质属性是原创性和第一性。集成创新是指创新过程中应用到的所有单项技术都不是原创的，其创新之处在于对这些已经存在的单项技术按照自己的需要进行系统集成，并创造出全新的产品或工艺。引进、消化吸收再创新是最常见、最基本的创新形式，是产品价值链某个或者某些重要环节的重大创新。

2. 根据创新成果在世界范围内的影响划分

可将创新分为绝对创新与相对创新。绝对创新是在全世界范围内实现首创的创新，相对创新是不论成果是否是在全世界范围内实现首创的创新。绝对性和相对性创新有一个范围的约定条件。

3. 根据创新成果的自主知识产权划分

创新可分为自主创新与模仿创新。自主创新是自己创造出来的有自主知识产权的创新。模仿创新是指通过模仿率先创新者的创新构想、创新行为和创新成果而做出的创新。

4. 根据创新活动的领域划分

创新可分为科技创新、制度创新、文化创新、教育创新、理论创新、营销创新、商业模式创新等。

【案例5】

吉列剃须刀盈利模式的创新

"剃须刀和刀片"的盈利模式闻名已久，并被其他很多行业采用，如购买打印机送墨盒，购买胶囊咖啡机送胶囊等的盈利模式都是如此。这种模式的要点非常简单，它首先创造基本的客户群，以低价格（甚至亏本）的方式销售系统中经久耐用的部件，然后通过溢价方式销售易耗品而获得循环收益。

据兰德尔·C·皮克尔所记录的，吉列最初使用的是相反的盈利模式，即高价销售剃须刀架的同时低价销售刀片。这给消费者留下的印象是使用后的刀片即可丢弃，不必磨锐后重复使用。这正是20世纪之交时消费者的使用惯例。皮克尔补充说，只是在1921年吉列专利权到期后，吉列为了从庞大的剃须刀客户群中获利才调整盈利模式。这个案例所讲的盈利模式是企业从驱动产品采取到延长产品生命周期的转变，这是商业模式驱动创新的重要组成部分。

近来，剃须刀行业陷入了产品革新的竞赛中，双刀头产品受到了3刀头产品的排挤，随后又被4刀头、5刀头……产品替代。或许，当10刀头的剃须刀面世时，它就能切除毛囊，我们也就彻底不用剃须刀了。但在那之前，吉列作为宝洁旗下品牌，已回归其他品牌的本源，尤其是在宝洁收购"剃须艺术"品牌之后。正如杰西卡·沃尔为路透社所报道的那样，你可以选择吉列品牌标准刀头，最便宜的手柄价格不到100美元，而最贵的价格达到500美元，更换刀头后老的又变成了新的。

（材料来源：《创新十型》一书）

1.2　创新及相关概念之间的关系

1.2.1　创意和创新的联系

1. 一切创新都始于创意

创意是一种思维活动，它是创新的开始，创新始于创意。工具、机器、作品、体制、机制、模式等，一切创新都始于创意。有了创意才会有以后的行动，只有行动成功了，创意才能成为创新的组成部分。创意是一种思维，创新是思维和行动的总和，好的思维加上具体的行动就可以产生创新。

2. 创意属于创新的一部分

从广义的创新概念可以看出，具有开拓性的思维、行为、成果等都可称之为创新。确切地说，无论是理论创新、观念创新、科技创新、文化创新、体制和制度创新等，都离不开创意的萌芽。创意的成型以及进一步验证，是最后投入实践获得成功的关键，所以说创意是创新必不可少的一部分，没有创意的创新是不完整的。

3. 创新是创意的理想结果

创意是大脑的创新性思维活动，具有一定的艺术色彩，最终能否成为一个产品，开始时我们无从得知。但是，每一个创意的诞生都渴望着能够落地成型，通过"创意—策划—执行—反馈—再创意—再策划—再执行……"的循环往复的过程，把创意思维变成创新成果，实现创意的终极目的。因此可以说，创新是创意的理想结果。

1.2.2　创意和创新的区别

1. 从二者的概念区分

创意是一种创新的思维活动，可以是逻辑思维、形象思维、逆向思维、发散思维、系统思维、模糊思维、直觉和灵感等多种认知方式或者综合运用的结果。而创新是指突破传统，具有开拓性思维、行为、成果等。可见创意只是大脑领域发生的活动，而创新包括了思想、行为和结果。也就是说，创新必须有创意，但创意不等同于创新。

2. 从二者的特点区分

创意具有突发性、不成熟性，是人的大脑的突发奇想，是尚未开始投入实践的灵感和想象。而创新具有成果性、价值性，是已经行动并取得成果的一系列活动的总和。创意是创新的开始，成败未知；创新是"创意+行动"的结果，创意只有在行动中成功了，这一系列活动及成果才叫创新。

3. 从二者的结果区分

创新有失败，失败了就不再是创新，只是创新的一个阶段，一个环节。而创意要打破常规，可以天马行空甚至从胡思乱想开始，有着明显的自由性和不成熟性，所以创意往往是虚构的、示意的，更多的是一种艺术形式或者产品的最早期构思，而并非一种真实的产品。即使是对产品的构思、主意或者所谓的"点子"，绝大多数也并不能最终实现。也正因为如此，创意诞生之后，还必须对创意进行证明和验证。

1.2.3 创新与创造的关系

无论是创新还是创造，所遇到的问题和对问题加以解决的思维方法都是相通的。"创新与创造"的能力既源于天赋，又来自后天的教育培养，来自各种形式的启发和引导，包括从创新与发明创造的思维方法、认知障碍及其克服，到创新的非认知调控和创造性人格特征分析等。总之，创新教育所希望达到的目标就是用一种新的方式，比较高效率地培养创新与发明创造型人才。

将创新与发明创造区别开来，被认为是熊比特的一大贡献。熊比特认为：只要发明还没有得到实际上的应用，那么经济上就是不起作用的。无论是科学发明还是技术发明，在发明未能转化为商品之前，只能是一个新观念、新设想，在它们没有转化为新装置、新产品、新工艺系统之前，不能创造任何经济价值。因此，可以说发明是创新的必要条件之一，但不是充分条件。对源于科技发明的技术创新来说，发明仅仅是创新过程中的一个环节。换句话说，创新是人类创造活动的一种，其本质就是创造。创造在不同的领域有不同的习惯叫法，如科学领域的创造习惯上被称为"发明"或者"发现"；体育竞赛中的创造习惯上被称为"破纪录"；文学艺术领域的创造习惯上被称为"创作"；技术领域中创造习惯上被称为"革新"。总之，创新概念的外延要远远大于创造概念的外延。

创新和创造虽有一定的联系，但是也存在一定的区别：

第一，创新是一个经济学范畴的概念，必须有收益。如果根据新的思想，产生出新的产品，虽然很新颖，但不能应用，没有收益，这可以说是发明创造，但不能说是严格意义上的创新。

第二，创造是一个绝对的概念，而创新则是相对的概念。例如，发明创造申请专利时，先要考虑自己是不是第一个做的，若别人已经做过，你就不可能再申请专利了。它在"首创"或"第一"问题上是绝对的。创新是个相对概念，它不必像申请专利那样要查清楚是不是"第一"或"首创"。创新有个相对的范围，不必考虑在部门、系统内过去有没有人做过，只需了解做的程度如何，我们做的有哪些进步，可否有收益。

第三，创造既有促进社会发展的积极发明创造，也有阻碍社会发展的消极"发明创造"；而创新必须是促进社会发展的积极创造。如计算机的发明是积极创造，而计算机病毒则是消极创造；核科学和技术的发展是积极创造，而核武器的发展则是消极创造；生物和化学科学的发展是积极创造，而生化武器、毒品提炼技术则是消极创造。没有人会将科学或假冒伪劣称为技术创新。

第四，创造强调第一次的首创，可以是全盘否定的全新创造；创新则更强调无止境的更新，它一般并不是对原有事物的全盘否定，而通常是在辩证的否定中螺旋上升。

创业不是魔法，也不神秘。它和基因没有关系。创业是一种训练，而就像任何一种训练一样，人们可以通过学习掌握它。

——德鲁克

1.3 创业的概念及内涵

1.3.1 创业的概念

创业是一种普通的社会现象和人类活动，相信每个人都会觉得自己知道创业是什么，如果要准确定义，描述出创业的本质和精髓，可能是一件非常困难的事情。不妨先把书本放下，和周边创业的朋友聊一聊，听听他们对创业的理解，然后再回归书本来看看，可能会有更多的收获。

创业是一种普遍的活动，不同的学者给出了不同的定义。这些定义中出现最多的关键词是"启动、创建、创造、新事业、新公司、创新、新产品、新市场、追逐机会、风险承担、风险管理、不确定性、资源或生产方式的新组合"，等等。这些词基本反映出了创业活动的不同侧面，追逐利润、价值创造、追求成长等反映出创业的目标；追逐机会、创造变革、资源或生产方式的新组合、管理、创建新企业或开发新事业等是实现目标的手段；风险承担、超前认知和行为、活动过程等是创业活动的属性。

从不同的角度定义创业的概念。创业的定义有狭义和广义之分。狭义的定义就是创建新企业，很容易区分一个人是在工作还是在创业。广义的定义是把创业理解为开创新事业。任何一个人在不确定情况下开发新产品或新业务的人都是创业者，无论他本人是否意识到，也不管是身处政府部门、获得风险投资的公司、非营利机构等。在创业活动日趋活跃并且创业对社会经济发展的贡献越来越突出的今天，为了探索创业的本质，弘扬创业精神，更多的人倾向于使用广义的创业定义。具有创新精神的创业活动更符合当今世界的经济发展需要。

1.3.2 理性认识创业

【案例6】

郭敬明和他的小时代

郭敬明,这个伴随着"80后"成长的名字,如今他的小说也影响着"90后",并开始被"00后"所喜爱,我们在这里不评判他的文学水平和导演水平,单从一个创业者的身份来说,他是极其成功的。

郭敬明大学期间开始创业,他常年霸占着中国作家收入排行榜榜首,他在大学时便成立"岛"工作室,出版了一系列针对自己小说受众的期刊,而后成立柯艾文化传播有限公司,逐渐建立起自己的商业版图。而且,从今天各个期刊纷纷转型产业链服务来看,郭敬明早在2005年就察觉到了这一点,从那时起他就为刊物读者提供"立体服务",例如,推出音乐小说(《迷藏》),推出主题小说的写真集,拍摄《梦里花落知多少》偶像剧,在青春读物的基础上打造了一条属于自己受众的文化消费产业链,开始深耕产业布局。而今,郭敬明已经用自己的小说《小时代》拍摄了电影,第一部便直奔5亿的票房……

郭敬明之所以称为出色的创业者,是因为相比其他的同龄创业者,他的创业行为更符合社会发展的需求,更符合这个时代的标签。他准确定位用户群体——高中生、大学生以及初入社会的年轻人;掌握了年轻人的心理诉求;采取泛娱乐化战略,以多种形式打造一个全方位的娱乐标签;展开具有仪式感的营销,"首映嘉年华"活动把单纯的"看电影"包装成一个盛大的party,鼓励影迷们盛装到电影院参加活动。从文化创业产业发展的视角来看,他是以互联网为载体,利用"粉丝经济"的口碑效应,满足年轻消费者需求的供给侧创新的典范,是创新商业模式的成功者。

(材料来源:互联网)

国家环境的变化,使大学生在毕业之后除了选择就业之外,还可以选择创业。大学生创业作为一种新的择业趋向,不仅使科技与生产力直接连接,而且加剧了科技成果的物化过程,能为社会提供更多的就业岗位。然而,大学生尚未完全深入社会,社会关系简单,创业想法单纯,并且没有足够的经验,往往导致创业的成功率不高。对于当下大学生毕业后创业的现象,尽管国家和政府出台了一系列关于鼓励大学生自主创业的优惠政策,可是大学生创业者自身条件不足,使很多的创业投资石沉大海。对大学生自主创业的困难和现状,应该有些基本的认知。

1. 薪资底线与收入期待普遍过高

麦可思调查结果显示,大学生创业者是一批对收入有更高期待的人群。通过创业收入的薪酬确实高于同届受雇毕业生的薪酬。赚钱是影响毕业生创业的最重要的因素之一。

2. 创业教育效果有待提高

在之前,很多高校的毕业生创业者在校期间并未学习过相应的创业教育课程,学生毕业后创业的经验全部靠自己慢慢摸索。而国家创新创业政策出台后，各大高校纷纷加入了创新创业课程，学生可以在课堂上学到相应的、系统的知识，能有效地促进学生创业，给予学生更好的指导。但是，高校的双创课程还需要不断地完善和改进，为学生今后的创业给予全方位的帮助。

3. 受到"天时""地利""人和"各方面的困扰

（1）"天时"的约束

一方面，大学生创业教育相对简单、肤浅，相关创业优惠政策尚未完善；另一方面，目前大学生毕业后直接创业，风险较高，也很难得到家庭的信任和支持。

（2）"地利"的不足

大学生的创业项目多数处于低水平，相对单一，缺乏竞争力，多数项目处于竞争激烈的红海，具有颠覆性的创新项目非常稀少。从规范性来看，项目缺乏缜密的论证，多数基于创业者偶然的灵感和简单的想法，难以真正落实。

（3）"人和"的缺陷

学生无论是在思维的敏捷和视野的开阔上都不能和已经在社会上摸爬滚打的创业者相提并论。创业不是做学问，不是坐而论道，它需要经验，需要较好的协调能力，需要较强的团队意识。对于刚毕业的学生，他们的人生经验，与他人相处的能力和对行业的了解、容忍度等都是不够的。

4. 部分创业者动机不纯

动机决定投入程度。有些创业者凭着大学生创业政策的支持和资金的扶持，而把自主创业当成了解决就业问题的救命稻草。持有这种思想的创业者是有问题的、不成熟的，难以支撑完成创业项目的周期。

通过对大学生自主创业的分析，并不是否定大学生自主创业的意义和价值，而是希望大学生在创业前要认真考虑行情、自身素质和对社会的熟知程度。而在这里通过"拿来主义"找到可行性项目，提高创业的成功率很有必要。"拿来主义"的3大思路分别是时间差、空间差、经验差，很好地利用这些思路，即使没有颠覆性的创新项目，也还是可以找到创新性项目的。

（1）时间差

发达国家、发达地区作为经济领域的先行者已经走在前面，我们完全可以利用所谓的"后发优势"，从那里找灵感、找启发。大学生可以发挥自己的外语优势和信息搜索能力，深入了解发达国家、发达地区已经或正在开展的好项目，这些项目已经被那个社会发展水平的消费者接受了，被事实证明是可行的了。比如，中国的滴滴快车和共享单车也已经被国外的人所效仿。而我们国家正在迅速发展，与发达国家有类似的消费需求，消费能力也在形成中，如果大学生创业者能够对发达国家的这些项目进行研究，去粗取精，就一定能找到很多好项目。

【案例7】

后来居上的淘宝

1999年成立的易趣网（www.eachnet.com）从2002年开始对网上交易的卖家进行收费，

并推出了一系列诸如不准交易双方在交易之前联系、不提供货品所在地信息等规定限制同城交易，这对刚刚起步的C2C网上交易显然过于急于求成了，这些措施无疑招致很多卖家的不满。而2003年上线的淘宝，一开始主打的就是免费牌，加上2002年eBay收购易趣后，沿用了eBay的一些做法并不适合中国人的消费习惯，给了淘宝可乘之机。

易趣的规则比较偏向交易中的买家，即消费者，尚处于刚刚起步的C2C电子商务中，这种规则显然过于超前，而淘宝正是认清了这个形式，一开始政策较为偏向卖家，加上免费的条件，这样一来，大批的易趣卖家集体乾坤大挪移转投到了淘宝门下，等易趣发现问题，为时已晚。

2004年淘宝适时推出支付宝平台，开展网上担保交易，这一创意很好地解决了以前交易双方的风险问题，从而引发了网上交易的井喷式大发展。

（材料来源：《大学生创业》一书）

（2）空间差

千千万万富有创业激情的创业者都在探索新项目、寻找市场突破口，总有一些聪明的幸运儿找到了既前所未有，又具现实可行性的绝妙项目，他们成功了。"他山之石，可以攻玉"，大学生如果能够敏锐地搜集到这类成功的模式，迅速学习跟进，就有可能提高创业的成功率。广东原发项目，我们拿过来去山东做，东北的好点子，我们拿过来去浙江做。别人已经承担了创新的风险，又由于中国地域辽阔，市场空间巨大，虽然不是拔得头筹，但也不妨碍在其他地方就此项目一展身手。

（3）经验差

大学生创业者整体而言，在人脉资源、行业经验、社会阅历等方面，相对于成功的企业家群体而言，肯定存在很大差距；大学生构想创业项目的视野、思路，往往也有很大局限性，多集中在自己的生活小圈子中。老企业家们多年形成的战略高度和经济视野决定了他们看到的好项目要多得多。但人的精力是有限的，不可能四面出击，样样做好。这就出现了一种机会，成熟的企业家看到的好项目，由于没有精力去做或者自身条件不充分而被搁置，而大学生创业者恰恰需要这种比较有现实可行性的好项目。只要他们能积极拜师学艺，向老企业家虚心求教，相信一定会有意外的收获。

1.4 创新与创业的关系

【案例8】

共享单车引领共享经济

共享单车的出现成为一个时代的标志，一个共享的时代正在悄悄地走进我们的生活。而共享单车的创始人戴威在2014年与他的4个合伙人共同创建了ofo，当时是致力于解决大学校园出行问题，但是目前共享单车却出现在校园、地铁站点、公交站点、居民区、商业区、公共服务区等地区。戴威作为ofo创始人兼CEO，毕业于北京大学光华管理学院。他提出了"以共享经济+智能硬件，解决最后一公里出行问题"的理念，创立了国内首家以平台共享方式运营城市自行车业务的新型互联网科技公司。戴威相信，终有一天，ofo 会和 Google 一样，影响世界。

戴威的创业模式不仅是简单地成立一个公司或者一个企业，而是将创新的理念和模式融入了企业中，这样具有颠覆性和历史意义的创业才更有价值，并且引领了共享经济的发展，在共享经济时代下企业的商业模式该何去何从，不同的专家和学者也在不断地探索和研究。现在共享单车也已经进入了国外市场，走进了世界，具有创新性的创业活动必然会带来不一样的结果。

（材料来源：互联网）

1.4.1 创新与创业的有机融合

创业在本质上是人们的一种创新性实践活动。无论是何种性质、类型的创业活动，它们都有一个共同的特征，即创业是主体的一种能动的、开创性的实践活动，创业是一个从无到有的实践。尽管有人认为，创新具有特定的经济内涵，但是通过理论或实践创新的认识成果和物质产品，毕竟还是创新实践的标志性内涵。正是在这样的意义上，创业从根本上体现着创新的特质。创业活动与一般成熟企业的管理活动之间最大的区别就在于创业是一个空白基础上的起步，它的任务是要创办、建立起一个新的企业；而成熟企业的管理则在于要把已经建立起来的企业做大做强。前者是从无到有，后者是从小到大，从弱到强。创业正是具有创新特质的实践活动。

创新是创业的手段，创业者只有通过创新，才能使所创的企业生存、发展并保持持久的生命力。创新是创业的基础，创业是创新的载体。仅仅具备创业精神是远远不够的，它只是为创业成功提供了可能性和必要的准备，如果脱离了创业实践，缺乏一定的创业能力，创新精神也就成了无源之水，无本之体。创新精神所具有的意义，只有作用于创业实践活动才能有所体现，才有可能最终产生创业的成功。因此，创新和创业要有机融合，相辅相成。

1.4.2 创新与创业的关系

创业离不开创新。创业与创新立足于"创"，"创"是共同点，是前提。"创"是指出新立业。创新在于所创之事业、产品、观念、机制能不能弃旧扬新，标新立异，没有创新，创业就无从谈起，创新和创业是密不可分的实践活动。

创业过程中新产品的开发、新材料的采用、新市场的开拓、新管理模式的推行等，都必须有广泛的创新思维作为先导，最后创业才能成功。没有创新思维和创新决策，就无法开创新的事业；没有创业实践，创新意识就无法转化为新的产品，创新就失去了意义。创新不是蛮干，是巧干；不是凭空想象而是源于对知识的掌握、对现实的了解、对事物客观规律的准确把握。

创新是创业的源泉，是创业的本质。创新的价值体现在创业过程中把潜在的知识、技术和市场机会转化为现实生产力。在创业过程中需要具有持续旺盛的创新。有创新意识才有可能产生富有创意的想法或方案,才可能不断推动新发明、新产品或新服务不断涌现,寻求新的模式、新的出路。创业可以创造出新的市场需求,创业推动并深化创新,因而提高企业或是整个国家的创新能力,从而推动经济增长。

在生活中,很多学生在淘宝上开个小店或者在超市租个摊位就称之为创业了,这符合狭义的创业定义。但是我们真正需要培养的是大学生的自主创业创新精神。一个成功的创业离不开创新,腾讯公司开发QQ即时通信网络工具,极大地改变了人们的联络和社交方式;百度公司开发百度搜索引擎,向人们提供了更简单便捷的信息获取方式。每个成功的创业者都注重创新,他们可能开发出新的产品或服务,可能找到了新的商业模式,也可能探索出新的制度和管理方式,从而获得成功。著名经济学家熊比特曾经把创新作为创业者与创业精神的重要特征,管理大师德鲁克1985年出版的名著《创新与企业家精神》也将创新与创业精神放在一起进行讨论。

总之,创新和创业相互联系,不可分割。只有坚持创新,才能与时俱进;只有坚持创业,才能改变面貌,壮大经济;只讲创业不讲创新,可能是鲁莽草率,盲人瞎马,违背科学的发展观;只唱创新的高调,好高骛远,而不扎扎实实艰苦创业,付诸实践,最终只能坐而论道,失去根基。所以,要想创好业,使所创企业长期发展下去,就必须有创新作为基础,没有创新的企业只会是昙花一现,好景不长。大学生创业,更需要有创新意识、思维、技能和品质,如果没有创新,整个创业链条就会断裂。创新是创业者实现创业的核心,创业者通过创新实现创业,而且创业者要通过创新体现创业精神,而创业精神既是创业者必须具备的品质,是创业者的一种内在品质,也是创新的一种具体表现。

情境二 认识创新精神与创新能力

2.1 创新精神和能力是创新的灵魂和动力

【案例9】

无处不在的创新——紧身裙和可口可乐瓶

路透是美国一家玻璃瓶厂的工人,由于上班路上耗费的时间很长,他便在离工厂不远的地方租了一个小隔间,以便自己休息和上班。由于工作繁忙,他已经很长时间没有和女友见面了,路透和女友都彼此非常想念对方。一天上午,女友精心打扮了一番,穿了一条时尚的紧身裙来探望路透。这条裙子在膝部附近变窄,凸显出了人体的线条美,实在是非常漂亮。约会后,路透突然想到:为什么不把又沉又重的可口可乐瓶设计成这种紧腿裙的样式呢?

于是,路透按照女友裙子的样式制作了一个玻璃瓶,并将玻璃瓶的图案画下来进行了专利登记。之后,他来到了可口可乐公司,将制作好的玻璃瓶和图案交给了当时的可口可乐经理——史密斯。史密斯看到之后非常高兴，大大称赞了路透一番，并马上与路透签署了一份合同，约定每生产12打汽水瓶支付路透5美分。就这样可口可乐的瓶身就变成了我们今天看到的样子。目前这种瓶身的生产数量已经达到760亿只，路透所获得的收益约值18亿美元。路透通过女友漂亮的裙子，想到了改变可口可乐原本不实用的瓶子，正是他的创新思维促使了灵感的发生。因此，创新无处不在，就看我们是不是具有创新的精神和能力。

（材料来源：《创新十型》一书）

所谓精神，是指人的意识、思维活动和自觉的心理状态，包括情绪、意志、性格等。创新精神特指人的创新意识和创新性格，其中，创新意识又包括创新愿望和创新动机。

2.1.1 创新意识

创新意识中最重要的是创新的愿望，其次是要有正确的创新动机。一个人的愿望形成是需要外部环境的，比如：小孩子从小就受到家长的鼓励和引导，从而热爱创新；高校的学生受到教师授课的影响，从而热爱创新；等等。

创新意识就是不愿意遵循常规、喜欢标新立异、喜欢挑战、不断追求新的解决办法的意识。爱迪生这个名字大家都不陌生，他是举世闻名的大发明家，他保持着发明最多的世界纪录。爱迪生是怎么做到这些的呢？难道仅仅是因为他是个天才吗？是因为每天都有无数的灵感自发地涌现到他的头脑中吗？不是。他之所以能做出如此多的贡献，主要是因为他有强烈的创新意识。爱迪生知道，好的灵感不会自动出现，所以他给自己和助手安排了灵感定额：每10天必须有一个小发明，每6个月必须有一个大发明。正是由于这种带着强制性的发明定额，使他和他的团队一刻也不敢懈怠，一刻也没有停止思考，而是刻意地求新立异。无数经验证明，灵感大多数是在长期苦苦思考之后才突然涌现的。不走到山重水复疑无路的地步，怎么突然看到柳暗花明又一村呢？

在创造力的概念中，还有一点很重要，那就是创造力这种能力带有方向性。换句话说，它是矢量。这就意味着在一个群体里，很可能出现这样的情况：每一个个体的创造力都很高，但由于方向的混乱，因此，最终表现出来的群体创造力可能为零。造成这一现象的原因在于环境，一个人的创造力能否源源不断地释放出来，与环境有很大的关系。环境是否鼓励创新，有没有相应的激励制度等，都影响创造力的发挥——通过影响创新精神、创新动机等而影响创造力。所以，这就是为什么很多企业都通过制定好的创新激励制度来持久地鼓励员工的创新行为的原因。

【游戏2】

创新人格体征

创新人才到底有多少人格特质？表1-1有28个形容词，请你从中选择适合描述自己的词。

表1-1 创新人格特质的形容词

有能力的	谨慎的	好色的	易受别人影响的
有洞察力的	有礼貌的	兴趣狭窄的	理智的
势利的	聪明的	兴趣广泛的	多疑的
有信心的	有发明精神的	不拘礼节的	自我中心的
保守的	抱怨的	幽默的	有独创性的
自信的	个人主义的	沉思的	顺从的
忠诚的	老实的	随机应变的	平凡的

这个测试方法叫"形容词检查单",是由社会学家高夫发明的,他对不同领域的1 700多人进行研究发现,有一些形容词与创造力是正相关关系(见表1-2),有一些形容词是负相关关系(见表1-3)。大家可以对照自己选的形容词,看看到底是正相关的词多,还是负相关的词多,就可以对自己的创造力强弱有初步了解了。

表1-2 创新人格特质正相关形容词

有能力的	有洞察力的	好色的	聪明的
理智的	势利的	有信心的	兴趣广泛的
不拘礼节的	自我中心的	有发明精神的	自信的
幽默的	有独创性的	随机应变的	个人主义的
沉思的			

表1-3 创新人格特质负相关形容词

易受别人影响的	谨慎的	兴趣狭窄的	保守的
平凡的	老实的	忠诚的	有礼貌的
抱怨的	多疑的	顺从的	

在这里需要注意的一点是很多词语如"好色的""势利的"这些词我们看起来是负面词,反而与创造力正相关,而"忠诚的""老实的"这些正面的词却与创造力是负相关。大家应该明确的是,这份表格是检查个性特征与创造力强弱的关系,不是道德评价,不要从道德评价的角度来判断。当然这份调查表仅仅是参考,不是唯一评价的标准。对一个人创造力的评价方法很多,各有侧重,很难说哪一种更可靠。大家不要受它的影响,关键要塑造我们的创新人格。

(材料来源:《创新思维》一书)

2.1.2 创新人格

创新人格最重要的几个特征:一是自信;二是不怕失败;三是不盲目从众;四是不迷信权威。

心理学调查研究发现:世界上95%的人都缺乏自信,具有自卑感,这种缺乏自信是在孩童时期形成的。由于自卑感造成的人才埋没远远高于因社会环境造成的埋没。这种自我埋没极大地遏制了人们创造才能的发挥。

【案例10】

自信是创新的开始

小泽征尔是世界著名的交响乐指挥家。在一次世界优秀指挥家大赛的决赛中，他按照评委会给的乐谱指挥演奏，敏锐地发现了不和谐的声音。起初，他以为是乐队演奏出了错误，就停下来重新演奏，但还是不对。他觉得是乐谱有问题。这时，在场的作曲家和评委会的权威人士坚持说乐谱绝对没有问题，是他错了。面对一大批音乐大师和权威人士，他思考再三，最后斩钉截铁地大声说："不！一定是乐谱错了！"话音刚落，评委席上的评委们立即站起来，报以热烈的掌声，祝贺他大赛夺魁。原来，这是评委们精心设计的"圈套"，以此来检验指挥家在发现乐谱错误并遭到权威人士"否定"的情况下，能否坚持自己的正确主张。前两位参加决赛的指挥家虽然也发现了错误，但终因随声附和权威们的意见而被淘汰。

（材料来源：互联网）

有创造力的人大多数都是很有主见的人，主见来自对自己独立思考的自信。自信是创新的第一步。有了自信，你才会敢想敢做，而不是畏首畏尾。自信不是刚愎自用，真正自信的人思想很开放，乐意接受他人意见，但是最后的判断一定由自己做出，而不是依赖别人，自信的人不轻易受别人左右。自信才是创新的开始，缺少自信，就无从创新。

【案例11】

动物园大象林旺的故事

动物园有一只叫林旺的大象，一直被一条铁链牢牢地拴在一根小小的木桩上。它每天悠闲地踱来踱去，等着动物园里的饲养员给它送来香蕉和青草，难道它不想看看外面精彩的世界吗？不是。难道是它挣脱不了那个小小的木桩吗？当然也不是，它只要轻轻使点劲就能挣脱木桩。那为什么它却是这样的状态？原来在他还是一只小象的时候，它对外面的世界充满了好奇心，非常渴望到外面热闹的猴山、虎山去看看。于是它使出全身的力气想挣脱那根铁链的束缚，但是它失败了。隔了一段时间，它又一次被外面的热闹所吸引，然后它再一次企图挣脱铁链，可是这一次它又失败了。两次的失败，给大象林旺留下了强烈的印象："我是挣脱不了那根铁链了"。

就这样，林旺一天天长大。

就这样，林旺一天天变老。

就这样，林旺从来没有离开过动物园象馆的天地，因为它害怕失败，两次的失败再也给不了它冲出去的希望。

（材料来源：互联网）

害怕失败，行动必然谨小慎微。"前怕狼后怕虎"，不敢独辟蹊径，极大地阻碍了创造。许多人一生难有成就，主要因为每当他想去做某些事情的时候，总是想着可能会失败及不愿意承担失败之后而来的后果，从而裹足不前。一般害怕失败的人主要表现在过于担心别人的看法、对自己要求过高、一次或多次失败后不再努力。我们应该怎样面对失败？就像萧伯纳说的："我年轻时，注意到，我每十件事有九件不成功，于是我就十倍地去努力干下去。"

【案例 12】

疯狂抢购苹果手机，到底是喜欢还是盲目从众？

每一次苹果手机推出新的款式和型号后，总会有很多横扫美国的中国黄牛。每年在苹果新一代 iPhone 的发售现场，排队奇景都会吸引数十家全球与当地知名媒体的报道。

提前排队抢购是苹果 iPhone 引发的一个社会现象。不仅美国如此，在欧洲的巴黎、亚洲的日本乃至中国的北京与香港，在拥有苹果店的全球大城市，大量的疯狂果粉们都为能在第一时间拿到最新版 iPhone 手机而甘愿忍受通宵甚至数日的风吹雨淋。这种对苹果产品的痴迷暂且不议。但近年来，这种原本单纯的排队现象正在变味。实际上，真正的果粉也该是科技达人和网购主力军。如果想第一天就用上手机，大可第一时间上网预订，然后在发售当天收到手机。

面对这些果粉，我们想问的是你们到底是真的喜欢苹果手机的功能、外观呢，还是只是看到大家都买，而盲目地从众呢？

（材料来源：互联网）

人们在思考时有一种极容易产生的心理倾向就是盲目从众，它同样会影响到我们的创新思维，一味地顺从别人，随大流，在群体压力下放弃自己的想法和意见，采取和大多数一致的想法，这样就扼杀了创新思维的产生。遇到事情不再独立思考，而是盲目跟从别人的想法，思想就被束缚和禁锢了，创新思维就不能很好地展现出来。所以，不要盲目从众，要有自己的意见和主见。

【案例 13】

不要迷信权威

亚里士多德曾经说过："两个铁球，一个 10 磅重，一个 1 磅重，同时从高处落下来，10 磅重的一定先着地，速度是 1 磅重的 10 倍。"这句话使伽利略产生了疑问。他想：如果这句话是正确的，那么把这两个铁球拴在一起，落得慢的就会拖住落得快的，落下的速度应当比 10 磅重的铁球慢；但是，如果把拴在一起的两个铁球看作一个整体，就有 11 磅重，落下的速度应当比 10 磅重的铁球快。这样从一个事实中却可以得出两个相反的结论，这怎么解释呢？伽利略带着这个疑问反复做了许多次试验，结果都证明亚里士多德的这句话的确说错了。两个不同重量的铁球同时从高处落下来，总是同时着地，铁球往下落的速度跟铁球的轻重没有关系。

伽利略那时候才 25 岁，已经当了数学教授。他向学生们宣布了试验的结果，同时宣布要在比萨城的斜塔上做一次公开试验。消息很快传开了。到了那一天，很多人来到斜塔周围，都要看看在这个问题上谁是胜利者：是古代的哲学家亚里士多德呢，还是这位年轻的数学教授伽利略？有的说："这个青年真是胆大妄为，竟想找亚里士多德的错处！"有的说："等会儿他就固执不了啦，事实是无情的，会让他丢尽了脸！"伽利略在斜塔顶上出现了。他右手拿着一个10磅重的铁球，左手拿着一个1磅重的铁球。两个铁球同时脱手，从空中落下来。一会儿，斜塔周围的人都忍不住惊讶地呼喊起来，因为大家看见两个铁球同时着地了，正跟伽利略说的一样。这时大家才明白，原来像亚里士多德这样的大哲学家，说的话也不是全都对的。

（材料来源：互联网）

我们在学习过程中总是认为书本上的知识、老师传授的知识都是正确的，这就是盲目地迷信权威的表现。从小到大的传统教育，使许多人已经养成了这种偏见。培养创新能力就要打破迷信，敢于怀疑，善于质疑。事实上权威只不过是某一个方面或者某一个点上的权威，或者是某个时期、某个阶段的权威，不存在全面的权威和永远的权威。所以对待权威要尊重而不是迷信。

创新，就要有追求新奇的强烈意识、对未知事物的敏感和好奇心、对新事物价值的准确认识、对新知识执着的探究兴趣、追求新发现和新发明的激情以及百折不挠的毅力和意志，还要有脚踏实地的严谨学风。"一个具有创新精神的人，一定是敢想、敢干，有勇气独辟蹊径，有能力开拓新的领域，敢于创新，想前人所未想、做前人所未做的事。"创新能力是在进行创新活动中表现出的能力及各种技能的综合表现，主要包括观察能力、思维能力、动手能力、表达能力、协作能力等，它既是人的认识能力和实践能力的有机完美结合的体现，又是人自身的创造智力和创造品格的有机完美结合的体现。据对清华大学两院院士的调查，认知水平、思维能力、智力发展、人格品质、研究动机构成了创新能力的基本要素。据有关调查显示，创新精神和创新能力主要涉及以下几个方面：

①丰富广博的基础知识，扎实的知识基础，合理的知识结构；

②敏锐的思维能力；

③全面的智力发展；

④良好的人格品质；

⑤强烈的研究动机。此外，个体本身所具有的表达能力、组织能力、实践能力等都影响创造力的获得与发展。创新能力表现的过程是思维过程、实践过程、探索过程的优化组合，是人类高智能活动的集中体现。

2.2 唤醒创新精神和能力

2.2.1 多少创新潜力尚未被挖掘

【游戏3】

体验潜能

假如你正在看一场演唱会，你喜欢的明星正向你走过来，你兴奋地鼓起掌来。设想一下，你 1 分钟能拍手多少次，请你把想到的数字写纸上，把纸反过来。现在计时开始，实测你 1 分钟能拍手多少次，与你想出的数字比，你发现了什么？

（材料来源：互联网）

人的创新能力是巨大的，创造力的三个特点可以很好地说明这一点。创造力的三个特点是：

（1）创造力人人都有

决定创造力的是人的大脑，只要脑细胞发育正常，每个人都有创造力，并且每个人创造力的天赋都相同。也就是说，我们一生下来是站在同一起跑线上的。这一结论打破了"天才说"，纠正了人们过去一直认为的创造只是少数人的行为、普通人可望而不可即的思想，揭开了创造的神秘面纱。

（2）创造力是潜能，需要经过开发才能释放

创新力必须经过开发才能表现出来，如果不开发，永远都是潜力，一直到老。每个人的创造力大致是相同的，即便有区别也没有数量的区别。之所以后天表现的差别极大，是因为开发的程度不同，只要我们去开发，创造力就会释放；不断地开发就会不断地被释放，我们的创造水平就会不断地提高，每个人都可以成为一个创造者。

（3）创造力无穷无尽

说到这个问题，要先从脑细胞的数量谈起。每个人长到 12 岁以后，脑细胞基本上发育成熟，其总数量达到了 140 亿个。你可能要问 140 亿个脑细胞意味着什么？它相当于 100 万亿个计算机，假如它完全用来记忆的话，能记住多少本书呢？50 本，100 本，还是 1 000 本呢？都不对，正确的答案是 500 000 000 本，即 5 亿本！这个数字与我们的想象值有巨大差距，它就是我们潜在的脑资源，就是我们的创新潜力。研究表明，其实普通人一生只用了全部脑细胞的 3%～5%，其余的 95%～97% 未被开发利用，所谓的人才也只用了 10%。像爱因斯坦这样的人才也只用了 30%，剩下的 70% 也未被开发使用。因此，我们可以得出结论，对于我们有限的生命来说，我们有无限的脑资源。创造力存在于人脑中，无限的人脑中必然也存在着无限的创造力。

综上所述，创造力有三个特点：创造力人人都有；创造力是潜力，需要开发才能释放；创造潜力无穷。

2.2.2 唤醒我们的创新潜能

既然我们具有强大的创新潜能，那我们就要唤醒这种潜能，让它真正发挥作用。我国学者庄寿强认为："创新潜能和创新能力构成了一个人的创造力，在活动中表现出来的是创新能力，未表现出来的是创新潜能。"创新潜能是隐性的，是每个人大脑中具有的一种自然属性，它是人类在长期的进化过程中随着大脑进化而形成的自然结果，既有遗传提供的生理的基础，又带来了后天学习教育的烙印。

人之所以能成为自然界中最具有生存优势的物种，人类社会之所以能进步得越来越快，是因为人们具有创新精神，并且在进化过程中，创新能力得到了不断的发展和提升。具有创

新精神是人类与其他动物的本质区别。同时，创新活动可以满足人的兴趣、愉悦人的心情，人还具有"为了创造而创造""为了探究而探究"的行为动机，这说明创新活动也是人类获得幸福的源泉，是人类的精神需求。由此来说，培养和发展创新精神和能力不仅是社会的需要，更是增强人自身幸福感的需要。

创新能力是指一个人（创新主体）在一定活动中取得新颖性成果的能力。关于创新能力的构成要素，不同学者有不同的表述，但是其中基本的精神是一致的。除了人的创新潜能外，创新能力主要由有关领域的专业知识技能、相应的创新思维和创造人格等三方面的要素构成。庄寿强提出的创新能力构成的经验公式是：

创新能力 = 创新潜能 × 创造性 × 专业知识技能

创造性 = 创造人格 + 创新思维 + 创新方法

由此可见，在接受传统教育的同时，发展创新能力要考虑以下三个重要的因素：

（1）掌握专业知识技能

任何创新都离不开专业知识和技能，人具有不同领域的知识技能就形成了不同领域的创新能力。有关领域的知识技能，可以看作是一套解决某一个特定问题或从事某项特定工作的途径。很显然，途径越多，产生新东西和形成新观念的办法就越多。有关领域的知识技能主要包括：熟悉该领域的实际知识；掌握这一特定领域所需要的专门技能，如实验技术、写作技巧、作曲能力等；具有有关领域的特殊天赋；等等。

（2）提高创新思维能力

创新思维能力是创新能力的核心，既有使思想具有流畅性、变通性、独特性，产生新认识的能力，又有运用创新方法提出新措施的能力。此外，创新思维能力还包括敏锐、独特的洞察力、高度集中的注意力、高效持久的记忆力和灵活自如的操作力。

（3）完善创造人格

在心理学中，人格也称个性。是指比较稳定的个性倾向性和个性心理特征的总和，它反映着一个人独特的心理面貌。个性倾向包括人的需要、动机、兴趣和信仰，决定着人对现实的态度、趋向和选择；个性心理特征包括人的气质和性格等，决定着人的行为方式的个人特征。创造人格是能在后天学习活动中逐渐养成、在创新活动中表现和发展起来的，对促进人的成才和创造成果的产生起导向和决定作用。

创新就是和别人看同样的东西却能看出不同的事情，或者简单地说创新就是比别人做得更好。培养创新意识、创新精神、创新思维和创新能力，以及塑造创新人格都需要先对创新有清楚的认识，要先唤醒自我的创新思维、精神和能力。认识是确定实践的前提条件，所以唤醒人们的创新思维，培养创新精神和能力至关重要。很多人都说自己没有创新的思维，觉得创新离自己很远；也有人认为自己的年龄已经错过了创新的年龄，现在去创新很难进行。这些都是人们的一种错误认知，认为创新是由时间、地点、人物和年龄等一些外在因素所决定的，其实不然，创新的思维和精神是每个人随时随地都可以拥有的。处处是创新之地，天天是创新之时，人人是创新之人。每个人的大脑中都隐藏着创新的潜能，这些潜能有的从来都未被开发出来，一直隐藏着。所以唤醒创新的思维、精神和能力，重新认识创新、培养创新是人们适应社会的发展和奠定大学生创业基础的前提条件。

情境三　培养创新思维

3.1　创新思维的障碍

3.1.1　思维定式

【案例14】

有笼必有鸟——心理图式

一位心理学家曾和乔打赌说："如果给你一个鸟笼，并挂在你房中，那么，你就一定会买一只鸟。"乔同意打赌，于是心理学家就买了一只非常漂亮的瑞士鸟笼给他，乔把鸟笼挂在起居室桌子边。结果大家可想而知，当人们走进来时就问："乔，你的鸟什么时候死了？"乔立刻回答："我从未养过一只鸟。""那么，你要一只鸟笼干吗？"乔无法解释。后来，只要有人来乔的房子，就会问同样的问题。乔的心情因此搞得很烦躁，为了不再让人询问，乔干脆买了一只鸟装进了空鸟笼里。心理学家后来说，去买一只鸟比解释为什么他有一只鸟笼要简便得多。人们经常是首先在自己头脑中挂上鸟笼，最后就不得不在鸟笼中装上些什么东西。

（材料来源：互联网）

思维定式（Thinking Set），也称"惯性思维"，是由先前的活动而造成的一种对活动的特殊的心理准备状态，或活动的倾向性。在环境不变的条件下，定式使人能够应用已掌握的方法迅速解决问题。而在情境发生变化时，它则会妨碍人采用新的方法。消极的思维定式是束缚创造性思维的枷锁。思维定式包括传统定式、书本定式、经验定式、名言定式、从众定式和麻木定式。

思维定式有两个显著的特点：

一是思维模式化，即通过各种思维内容体现出来的思维程序、模式，既与具体内容有联系，却又不是具体内容，而是许多具体的思维活动所具有的逐渐定型化了一般路线、方式、程序、模式。

二是强大的惯性或顽固性，不仅逐渐成为思维习惯，甚至深入人的潜意识中，成为不自觉的、类似于本能的反应。尤其表现在，要改变一种思维定式是有一定难度的，首先需要有明确的认识，自觉地进行；其次要有勇气和决心。

思维最大的敌人，是习惯性思维。世界观、生活环境和知识背景都会影响到人们对事对物的态度和思维方式，不过最重要的影响因素是过去的经验。生活中有很多经验，它们会时刻影响人们的思维。

【游戏4】

打破观念固定

请问什么东西具有以下三个特征:它是黄的、圆的、酸的?

很多人的回答都是橘子、柠檬、苹果……这些好像都是人们味觉的一种体验,大家可以开拓思维,想想除了味觉的体验,我们还有什么样的感觉,比如,视觉、嗅觉、听觉等是否也能想出其他的事物?

我们应该突破观念的固着,从不同的层次来展现具有这三种特性的事物。第一层是味觉,比如,柠檬、杏、橘子、黄西红柿、黄苹果等(自然生长的、可食用的)。第二层依然是味觉,比如,维生素糖、奶酪、药丸、冰激凌球等(人工制造的、可食用的)。第三层嗅觉,比如,发酸的网球、酸蛋黄、黄色脏袜团等(虽不能吃也可以是酸的)。第四层视觉,比如,一个黄色圆脸的哭泣着的孩子等(比喻意义上的酸)。最高层次的是情绪,比如,一切不能满足我们需要的东西,会使我们感到心酸的、失望的、不满的等(比喻意义上的酸)。

(材料来源:互联网)

【游戏5】

根据图1-2,回答下面的问题。

神奇的九子图

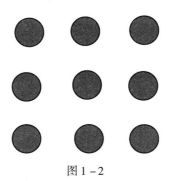

图1-2

用首尾相连的直线把这9个子连起来,大家想想需要几笔?(首尾相连就是上一笔的尾巴和下一笔的开头连起来,需要是直线。)

(材料来源:《创新思维》一书)

思维定式就是我们看问题、想问题的习惯方法,我们看问题、想问题都有个固定的套路,当我们第一眼看到某个人或者某件事时,往往首先采取这种习惯套路去思考和判断。我们每个人都带着一种习惯模式或者思维定式来看世界,有时这个模式与外界事物的本质和规律正好近似,那么,我们可以很快就对这个事物做出正确的判断;只有当我们的心智模式与事物的本质或规律不相吻合的时候,才会妨碍我们产生新的思维,这种心智模式就变成了心智枷锁。想要实现思维创新,就必须打破心智枷锁。

3.1.2 偏见思维

【案例15】

被淹死的驴子——经验偏见

曾经读到过这样一则故事：一头驴子背盐渡河，在河边滑了一跤，跌在水里，盐溶化了。驴子站起来时，感到身体轻松了许多。驴子非常高兴，获得了经验。后来有一回，它背了棉花，以为再跌倒，可以同上次一样，于是走到河边的时候，便故意跌倒在水中。可是棉花吸收了水后更沉了，驴子非但不能再站起来，而且一直向下沉，直到淹死。

无独有偶，最近又读到了这样一则古老的寓言：从前，有个卖草帽的人，每天，他都很努力地卖着帽子。有一天，他叫卖得十分疲累，刚好路边有一棵大树，他就把帽子放在一旁，坐在树下打起盹来，等他醒来时，发现身旁的帽子都不见了，抬头一看，树上有很多猴子，而每只猴子的头上都有一顶草帽。他十分惊慌，因为，如果帽子不见了，他将无法养家活口。突然，他想到猴子喜欢模仿人的动作，他就试着举起左手，果然猴子也跟着他举左手；他拍拍手，猴子也跟着拍拍手。他想机会来了，于是他赶紧把头上的帽子拿下来，丢在地上。猴子也学着他，将帽子纷纷扔在地上。卖帽子的高高兴兴地捡起帽子，回家去了。回家之后，他将这件奇特的事，告诉他的儿子和孙子。很多很多年后，他的孙子继承了家业。有一天，在他卖草帽的途中，也跟爷爷一样，在大树下睡着了，而帽子也同样地被猴子拿走了。孙子想到爷爷曾经告诉他的方法。于是，他举起左手，猴子也跟着举起左手；他拍拍手，猴子也跟着拍拍手，果然，爷爷说的话真管用。最后，他摘下帽子丢在地上，可是，奇怪了，猴子竟然没有跟着他做，还是直瞪着眼看他，看个不停。不久之后，猴王出现了，把孙子丢在地上的帽子捡起来，还很用力地对着孙子的后脑勺打了一巴掌，说："开什么玩笑！你以为只有你有爷爷吗？"

（材料来源：互联网）

驴子为何死于非命？孙子为何不能像爷爷当年那样拿回被猴子拿走的帽子？每一个人都能够看得出：很重要的一个原因是他们都机械地套用了经验，受了经验偏见思维的影响，他们未能对经验进行改造和创新。经验使我们昂首否定，经验又让我们低头认错，人们总是跳不出经验，它甚至让一切最大胆的幻想都打上了个人经验的偏见，就像作家贾平凹所描述的一个农民的最高理想："我当了国王，全村的粪一个不可拾，全是我的。"这似乎就是人们说的"乡村维纳斯效应"。德波诺在《实用思维》一书中饶有兴味地描述了一种常见的社会现象："在僻静的乡村，村里最漂亮的姑娘会被村民当作世界上最美的人（维纳斯），在看到更漂亮的姑娘之前，村里的人难以想象出还有比她更美的人。"在村里，它是真理，在全世界，它就是偏见。

偏见思维就是指人们根据一定表象或虚假的信息做出判断，从而出现判断失误或判断本身与判断对象的真实情况不相符合的现象，一旦产生偏见思维又不及时纠正，扭曲后或可演变为歧视。偏见思维经常会出现经验偏见、利益偏见、位置偏见、文化偏见等，这些都是因为偏见的思维所导致的，这种偏见思维严重地影响着创新思维的出现，和思维定式一样会成为人们的心智枷锁，如果不能及时去除这种心智枷锁，创新思维就很难发挥作用。

无论是思维定式还是偏见思维都在很大程度上限制了我们的创新思维，就像心智枷锁一样把我们探索未知的心理给束缚了，要想解除这种心智枷锁就要转变我们的思考方向，训练我们的创新思维，运用科学的方法把自己的脑洞打开，让创新的思维战胜我们的心理枷锁。我们应该具有哪些创新思维呢？后面的内容会给大家讲述。

3.1.3 太极式思维

太极式思维可能是中国人和西方人最大的思维差距，也可能是中国人独有的一种思维方式。太极式思维更多是圆滑，不鼓励创新，缺少精准、严谨的科学态度。而西方思维更多的是刻板，鼓励创新，对事物要求严谨、精准。例如，中国人的菜谱一般都是介绍说盐少许、油适量、葱花若干。而西方人会很明确地标注原材料的数量，土豆1个（100g），花椒3g，盐2g，等等。后来西方人根据这种炒菜对量的准确要求发明了带有刻度的锅。太极思维更多地追求你好我好大家好，万事都很圆滑，就使得缺少一种严谨、精准的态度，所以，这对于创新来说是一个极大的限制，要想培养创新思维必须先改变这种太极式思维，万事追求严谨、认真、精准的态度。

3.2 创新思维

3.2.1 批判性思维

【案例16】

"始作俑者，其无后乎"的出处与原意

有一次在课堂上，老师举了个例子："有一位名人说，儒家是主张用活人殉葬的，其根据是儒家的祖师爷孔子说过一句话：始作俑者，其无后乎？意思是骂第一个用陶俑代替活人殉葬的人断子绝孙。这证明他主张用活人殉葬。你们怎么看？"

甲学生回答："因为这句话是名人说的，名人比我们懂得多，应该不会乱说话的。"

乙学生回答："老师，我觉得这个说法证据不足。首先这句话是不是孔子说的？如果是，那孔子是在什么情景下说的？还有这句话到底是什么意思？"

后来老师把《孟子·梁惠王上》一文中的内容展示了同学们，那段古文的意思大致翻译如下：

战国时，有一次梁惠王向孟子请教治国之道。孟子在问梁惠王："用木棍打死人和用刀子杀死人，有什么不同吗？"

梁惠王回答说:"没什么不同。"

孟子又说:"用刀子杀死人和用政治害死人有什么不同吗?"

梁惠王回答说:"也没什么不同。"

孟子接着说:"现在大王的厨房里有的是肥肉,马厩里有的是壮马,可老百姓面有饥色,野外躺着饿死的人。这是当权者在带领着野兽来吃人啊!大王想想,野兽相食,尚且使人恶心,那么当权者带着野兽来吃人,怎么能当好老百姓的父母官呢?孔子曾说过,首先开始用俑殉葬的人,他是断子绝孙、没有后代的!您看,用人形的土偶殉葬尚且不可,又怎么可以让老百姓活活地饿死呢?"

听到这大家都明白了,孟子是借孔子的话来劝梁惠王实施仁政。这个故事告诉我们对于任何事物我们应该带有批判性的思维,不要盲目地迷信名言、权威。要带有批判性的思维看待问题,解决问题。

(材料来源:互联网)

批判性思维到底是什么?其实到现在为止也没有一个公认的定义。我们比较同意这样一种说法,批判性思维是"一种问为什么的态度,一种以正确推理和有效论据为基础,审查、评估与理解事件、解决问题、做出决策的认知策略"。还有一种定义是"面对做什么或者相信什么而做合理性决定的一系列思考技能和方法的日常思维"。批判性思维一般包括 3 个环节:质疑、求证和判断。质疑就是提出问题,对任何观点和主张,不论它是谁提出来的,也不管它有多少人相信,都要敢于提出质疑。质疑不是为了怀疑而怀疑,要讲究证据,无论是赞同还是不赞同,都要寻找支持和否定的事实和证据,这就是求证。求证过程中不断要寻找支持某一观点的证据,还要找不支持甚至反对的证据,既要有正论,也要有反论。最终做出合乎逻辑和理性的判断。这就是批判性思维。

【游戏 6】

见证奇迹

你能证明 1 元等于 1 分吗?

答案:$1 元 = 100 分 = 10 分 \times 10 分 = 1 角 \times 1 角 = 0.1 元 \times 0.1 元 = 0.01 元 = 1 分$

以上答案只供参考

(材料来源:创意铺子)

批判性思维属于创新思维的一部分,创新思维包括两个阶段,第一个阶段是创意的萌发,在这一阶段,批判性思维作用不大,甚至可能还会起反作用。创意的萌芽就是要打破思维定式,包括不受规则与逻辑的限制,在这个阶段,过早地使用批判性思维可能把灵感的火花扼杀在了摇篮里;但是到了第二个阶段,也就是创意的形成阶段,需要对创意的雏形进行筛选、整理、加工与完善,这时批判性思维就可以派上用场了。创意要变成可行性方案,需要批判性思维。

3.2.2 求异思维

【案例17】

司马光砸缸

有一次，司马光跟小伙伴们在后院里玩耍。院子里有一口大水缸，有个小朋友爬到缸沿上玩，一不小心，掉进了缸里。缸大水深，眼看那孩子快被淹没头顶了。别的孩子一看出了事，吓得大哭大叫。司马光却急中生智，从地上捡起一块大石头，使劲向缸砸去，"砰"的一声，水缸破了，缸里的水流出来了，被淹的小孩得救了。这就是我们熟悉的司马光砸缸的故事，是典型的求异思维的例子。

（材料来源：互联网）

求异思维是创新思维的一种，创新思维主要表现在"新"上，不论是新技术、新产品、新方法、新理论、新思想等，都要强调"新"。但是"新"的前提是什么？"新"的前提或者说必要条件是"异"。如果不能"立异"，也就无所谓"标新"了。所有的创新首先要"求异"，异于旧的形式，异于旧的内容，异于旧的功能，异于旧的结构，异于旧的特征……因而，求异才能创新，要标新必须立异。换句话说，"求异"是一切创新思维的共同特征。

求异思维就是突破常规思维只从单方向、正面思考的习惯，遇到问题善于从异于以往的方面，善于从反面和侧面去思考的一种思维方式。吸尘器发明的最初想法是：把灰尘吹走，但怎么也做不到，直到转变了思维方式：既然吹走的办法不行，干脆吸进来不就可以了。这种思维方式的形成要求我们一旦遇到常规方法解决不了问题时，一定要让思考适时地"转弯"，甚至是180度大转弯，这往往可以收到"柳暗花明又一村"的效果。

求异思维的应用领域非常广泛，不论是科学发现、技术发明，还是企业经营管理、文艺创作，到处都可以发现它的踪迹。当然，我们提倡求异思维，但绝不是提倡"求歧"，如果一味地求异而忽视了创新结果的社会价值，就会走上歧路。

3.2.3 发散思维和集中思维

【案例18】

QQ及它的衍生品

手机、微信、QQ已经成为很多中国人必备的交流工具。有人说，以QQ为代表的即时通信软件的陆续推出，不仅缩短了人与人之间的沟通距离，而且也改变1/3中国人的沟通习惯。人与人沟通不再局限于现实的空间，以及现实的人际关系网络中，认识的、不认识的都可以在虚拟的世界进行沟通。

尽管QQ这种即时聊天软件并不是腾讯最早创造的（它是由以色列的3个年轻人维斯格、瓦迪和高德芬格在1996年夏天开发的一款软件，名字叫ICQ，即I seek you的意思，充分利用互联网即时交流的特点,来实现人与人之间快速直接的交流),但现在的QQ除去它的界面始终没有变化外,已经增加了太多的功能,从邮箱、空间、公共聊天室到宠物、视频、直播、语音等数不过来。下面列举其中部分功能:

腾讯TM、QQ游戏大厅、QQ对战平台、QQ团队语音、QQ堂、QQ音速、QQ三国、QQ飞车、穿越火线、腾讯拍拍、财付通、腾讯TT、QQ直播、超级旋风、QQ音乐、QQ博客、QQ交友中心、QQ炫舞。

(材料来源:互联网)

像QQ这种在一个平台上辐射出许多附加功能的做法,就是我们马上要学习的思维方式,叫作发散思维。

1. 发散思维

心理学家认为,发散思维是创造性思维的重要特点,是测定创造力的重要指标之一。发散思维是指从一点出发,向四面八方扩散,寻求更多的答案。它不同于常规思维,平时我们遇到问题,往往是提出一个解决方案,然后去分析方案的可行性,如果行不通,就不再去想其他的方案,思维就此搁浅。发散思维则要围绕一个问题,尽可能多地提出解决方案,先不管方案是否可行,先求多、求新、求独创、求前所未有,允许异想天开和标新立异。发散思维既无一定的方向,也无一定的范围,不墨守成规,不拘于传统,鼓励从已知的领域去探索未知的境界。正如美国心理学家吉尔福特说的那样:发散思维是从所给的信息中产生信息,着重点是从同一来源中产生众多的输出,并且很可能会产生转移作用。

【游戏7】

体验发散思维

有一个盛满水的玻璃杯,请你在不打破杯子、不倾斜杯子的前提下,在3分钟内想出多种方法取出杯中的全部水。

(材料来源:互联网)

发散思维质量的量度通常从3个方面加以衡量:

(1) 流畅性——你想到了多少种主意

流畅性是衡量发散思维数量的一个重要指标,是指在某一特定信息的短暂时间内做出众多反映的能力。一个人在规定的时间内按照要求所表达的东西越多,标志着思维的流畅性越好。

上面的游戏中,有人在规定的时间内提出了14种方案:吸管吸、棉麻吸、海绵吸、动物吸、水泵吸、针管吸、滴管吸、热风吹、太阳晒、自然蒸发、加热蒸发、插入木条放入冰箱、用锅蒸、倒入酒精点燃烧没。也有人只想到了两三个方法,这表现出了个体在发散思维流畅性中的个体差异。

(2) 变通性——你想到了多少种不同种类的主意

变通性又称灵活性,是指思想具有多方向,触类旁通,随机应变,不受定式的约束,因而能产生超常的构思,提出不同凡响的新概念,这就要求在思维遇到困难时能随机应变,及时调整思考方式而不只是进行单向发散，从而能给出类别较多的答案。

从上面的游戏中，我们看到了思维的变通性，第一条思路是"吸"；第二条思路是与"吸"相反的"吹"；第三条思路变成了"挤"；第四条思路转到利用低压使沸点降低；第五条思路是利用物态转变等。

（3）独创性——你想到了多少与众不同的主意

独创性是指思维的独特性，是指人们在思维中产生不同寻常的"奇思妙想"的能力。这一能力可使人按照不同寻常的思路展开思维，突破常规知识和经验的束缚，得到标新立异的思维成果。独创性要求思维具有超乎寻常的新异成分，因此，它更多代表发散思维的本质。

总之，真正有创造性的发散思维应该是流畅性、变通性、独特性三者兼备的。在流畅性提供大量思想的基础上，不断变换思维的方向，最终得到独创性的结果，因此流畅性是基础，变通性是条件，独创性是目标。

2. 集中思维

集中思维是指在发散思维的基础上，将获得的若干信息或思路加以重新组织，使之指向一个正确的答案、结论或最好的解决方案。具体来讲，集中思维就是对发散思维提出的多种设想进行整理、分析、选择，再从中选出最有可能、最经济、最有价值的设想，加以深化和完善，使之具体化、现实化，并将其余设想中的可行部分也补充进去，最终获得一个最佳答案。

发散思维和集中思维都是创新思维的重要组成形式，两者互相联系，密不可分。任何一个创新过程，都必须经过由发散到集中，再由集中到发散，多次循环往复的思维过程，直到问题的解决。

发散思维体现了"由此及彼"及"由表及里"的思维过程，而集中思维体现了"去粗取精"和"去伪存真"的思维过程。也就是，先要"多谋"，再来"善断"。

在创新活动种，只有通过发散思维，提出种种新设想，然后才谈得上如何通过集中思维从中挑选出好的设想，可见，创造性首先表现在发散思维上。当然发散思维和集中思维是辩证统一的，都是为了达到创新、创造的目的。

3. 侧向思维

【案例19】

茅台酒一摔成名

1915年，巴拿马举行国际品酒会，很多国家都送酒参展，当时品酒会上酒中珍品琳琅满目，美不胜收。当时的中国政府也派代表携国酒茅台参展，虽然茅台酒质量上乘，但由于首次参展且包装简朴，因此在展会上遭到冷遇。西方评酒专家对中国美酒不屑一顾。就在评酒会的最后一天，中国代表眼看茅台酒在评奖方面无望，心中很不服气，情急之中突生一计。他提着酒走到展厅最热闹的地方，装作失手，将酒瓶摔破在地，顿时浓香四溢，招来不少看客。中国代表乘机让人们品尝美酒，不一会儿便成为一大新闻而传遍了整个会场。人人都争着到茅台酒陈列处抢购，认为中国酒比起"白兰地""香槟"来更具特色。茅台酒的香气当然也惊动了评酒专家，他们不得不对中国名酒刮目相看。中国代表捧着名酒奖牌胜利而归。茅台酒就这么一摔，而摔出了中国名酒的风采，让世人瞩目。

（材料来源：互联网）

常规思维就像水从山坡上流下来，汇集在凹地，而后又流入河道一样，沿着逻辑的通道去思考；侧向思维则有意开挖新渠道来改变水流，或者在旧渠道上筑坝堵水，让水溢出，让新的方式流动。

侧向思维是一种能产生新想法的思维方式，它的创造性品质来源于两点：其一，它可以使人排除"优势想法"所造成的直来直往的线性思维，避开经验常识逻辑的羁绊。其二，它能帮助人借鉴表面上看来与问题无关的信息，从侧面迂回或横向寻觅去求解问题。

【扩充知识1】

教你如何写爱情小说——"爱情四步曲"

有人对中国古代历史上诸多的爱情故事及言情小说进行了探究，发现：故事的年代、地点、人物虽然总在变化，但是故事本身都可以用四个步骤来概括，简称"爱情四步曲"。

当然，这四步曲也可以用于今天的小说创作。四步曲当中有八个关键要素，只要对这八个要素进行思维发散，然后再用集中思维进行最佳组合，就可以设计出无穷无尽的构思。

四部曲是：

第一步：书生遇难。

第二步：小姐搭救。

第三步：后花园私订终身。

第四步：应考及第，衣锦团圆。

相应的八个关键要素就是：书生、遇难、小姐、搭救、后花园、私订终身、应考及第和衣锦团圆。

下面对这个八个要素进行发散思维：

1. 书生：(1) 古代书生。(2) 现代大学生。(3) 研究生。(4) 高中生。(5) 留学生。(6) 画家。(7) 音乐家。(8) 未成名的工程师。(9) 小老板。(10) 警察。(11) 青年科学家。(12) 医生。(13) 作家。(14) 歌手。(15) 运动员。(16) 所能想到的各种身份。(17) 以上身份都换成女性，等等。

2. 落难：(1) 没有路费。(2) 被困冰雪中。(3) 山中遇难。(4) 遭遇强盗。(5) 失恋。(6) 患病。(7) 游泳遇险。(8) 车祸。(9) 画卖不出去。(10) 遭遇意外损失。(11) 科学研究遇到难题。(12) 开演唱会无人光顾。(13) 晕倒街头。(14) 比赛失利。(15) 小说不能出版。(16) 政治遇难，等等。

3. 小姐：(1) 古代大家闺秀。(2) 现代大学生。(3) 酒吧女郎。(4) 高中生。(5) 留学生。(6) 空姐。(7) 歌星。(8) 女医生。(9) 导游。(10) 警察。(11) 营业员。(12) 所有能想到的各种身份。(13) 换成男性及其他身份，等等。

4. 搭救:(1) 捐赠资助。(2) 收留。(3) 开导鼓励。(4) 帮助脱险。(5) 抢救生命。(6) 献血。(7) 请求朋友帮助。(8) 跳水救人。(9) 帮助补习功课。(10) 送医院看护。(11) 找人资助开演唱会。(12) 赞助留学,等等。

5. 后花园:(1) 后花园。(2) 公园。(3) 医院。(4) 酒吧。(5) 国外。(6) 古城。(7) 运动场。(8) 演唱会大厅。(9) 学校。(10) 飞机上。(11) 公安局。(12) 博物馆。(13) 星巴克。(14) 网络上。(15) 旅行途中。(16) 山顶,等等。

6. 私订终身:(1) 接吻。(2) 默许。(3) 交换信物。(4) 求婚。(5) 结婚。(6) 通信。(7) 给予鼓励。(8) 和他去旅游。(9) 帮助事业获得成功。(10) 互相研究科研内容,等等。

7. 应考及第:(1) 中状元。(2) 中探花。(3) 考上研究生。(4) 留学博士。(5) 考上大学。(6) 成功创业。(7) 演唱会空前。(8) 做官。(9) 成名。(10) 成为主治医师。(11) 大病痊愈,等等。

8. 衣锦团圆:(1) 结婚。(2) 随他远走他乡。(3) 变心。(4) 父母不同意。(5) 离婚。(6) 私奔。(7) 死掉。(8) 没有结局。(9) 留下一封信。(10) 长相思,等等。

根据这八个关键词进行联想并组合,就是一个爱情故事的主线。比如,之前的韩剧"太阳的后裔",如果按照这个思路套入的话,书生:宋仲基饰演的柳时镇;遇难:在执行任务的时候受伤并消失;小姐:宋慧乔饰演的姜暮烟;搭救:随同一起参加任务并陪同等待;后花园:战场;私订终身:接吻,求婚;应考及第:在战场上活着回来;衣锦团圆:两人幸福地在一起。当然这个剧中还有好几个爱情故事,它们交错在一起,共同组合成立一个令观众喜欢的电视剧。

(材料来源:《创新思维》一书)

3.2.4 联想思维

【案例20】

一顿特殊的午餐

在英格兰,有人曾做过这样一个有趣的实验。那是在一次有许多人参加的午餐上,聘请一个有名的厨师,这厨师做出的饭菜不说是十里飘香,也可谓有滋有味。但实验者别出心裁地对做好的饭菜进行了"颜色加工"。他将牛排制成乳白色,色拉(西餐中的一种凉拌菜)染成发黑的蓝色,把咖啡泡成混浊的土黄色,芹菜变成了并不高雅的淡红色,牛奶被他弄成血红,而豌豆则染成了黏糊糊的漆黑色。满怀喜悦的人们本来都想大饱口福,但当这些菜肴被端上桌子时,都面对这美餐的模样发起呆来。只见有的迟疑不前,有的怎么也不肯就座,有的狠狠心勉强吃了几口,都恶心得直想呕吐。而另一桌的人又是怎样的呢?同样是这样一桌颜色奇特的午餐,却遇到了一些被蒙住眼睛的就餐者,这桌菜肴的命运可就大不一样了,很快就被人们吃了个精光,人们意犹未尽,赞不绝口。

这顿午餐的"魔术师"即实验者通过上述实验证明了:联想具有很强的心理作用。眼见食物的人们，由于食物那异常的颜色而产生了种种奇特的联想：牛排形似肥肉，喝牛奶联想到喝猪血，吃豌豆则联想到吞食腐臭了的鱼子酱，是联想妨碍了他们的食欲。另一桌被蒙住眼睛的客人没有这种异样的联想而仍然食欲大增。

（材料来源：互联网）

1. 联想的定义

联想是指人们通过某一事物、现象由此及彼地想到另一事物、现象的思维活动。通过联想甚至可以使看上去毫不相关的事物之间发生联系，它是通过对两种以上事物之间存在的关联性和可比性，去扩展人脑中固有的思维，使其由旧见新，由已知推未知，从而获得更多的设想、预见和推测。

联想可以是概念与概念之间的联想，也可以是方法与方法之间的联想，还可以是形象与形象之间的联想。由下雨想到潮湿，由烟雾想到白云，看到狮子想到猫，都是联想。联想可以将两个或多个相似、相近或相反的对象联系起来，发现它们之间的相似、相近或相反的属性，从中受到启发，发现未知，做出创新。联想思维是重要的创新思维方式之一，科学技术上的许多科学发现与技术发明都源于人们的联想。

2. 联想的类型

【案例21】

郑板桥祝寿

相传扬州八怪之一的郑板桥，有一次在大雨中去好友处赴宴祝寿，酒后主人请其题诗祝寿。郑板桥想也不想，提笔在纸上写了"奈何"二字，弄得大家都很惊讶，担心出言不吉。哪知郑板桥紧接着又写了"奈何"、"可奈何"，众人更加惊奇。郑板桥不顾这些，落笔又写下了第四个"奈何"，接下来龙飞凤舞，挥笔全诗。众人一看，却是绝妙的贺寿诗：

> 奈何奈何可奈何，
> 奈何今日雨滂沱。
> 滂沱雨祝李公寿，
> 寿比滂沱雨更多！

郑板桥巧接回环，众人为之折服。室外大雨如注，仿佛为李公祝寿，也为郑公叫好。郑板桥用的就是相关联想，由"雨滂沱"想到了眼前的"寿更多"。

（材料来源：《创新思维》一书）

（1）相关联想

相关联想是由一事物想到与它相联系的方面。是由一种事物联想到与其在属性、空间或时间上相关的另一事物的思维过程。世界上的事物总是在属性上、空间上或时间上蕴含着与其他事物的联系，发现这些，巧妙地扩展事物的联系圈，把属性上、空间上或时间上距离较远的事物联系在一起，就能产生出一个个新的创意。

【案例22】

菜谱餐盘的创意

将菜谱做成餐盘的形式，是不是非常有创意呢？名为"午餐书"，菜谱餐盘赢得了"米兰世博会2015"餐盒系列设计比赛的第一名。它由来自世界各地的不同菜谱组成，既传达了相关的烹饪信息，也可以供人们在米兰世博会期间当作真正的餐盘使用。

（材料来源：《创新思维》一书）

（2）相似联想

相似联想是由某一事物想到与其相似的事物。相似性是人脑对事物内在联系一致性的认识，多角度观察不同事物，就会发现与不相干的事物实质上存在着相似性。如现象的相似、原理的相似、结构的相似、功能的相似、材料的相似等，这些事物的相似性可以成为相似联想的引线。

【案例23】

肥皂引起的联想

原沈阳重型机械厂有一位老工人，发现洗油多的工作服时，打很多肥皂都不起泡沫。他猛然间想到：原来泡沫怕油，如用油来处理带酚污水池的泡沫问题，效果一定好。经反复试验，获得了意想不到的效果。

（材料来源：《创新思维》一书）

（3）对比联想

对比联想既是指对于性质或特点相反的事物的联系，又是对于一个事物的共轭性的联想。有些不同事物之间存在着相反的特征或对立的属性，由此联想产生创意。如由大想到小，由上想到下，由长想到了短，由好想到了坏，由远想到了近，由白天想到黑夜，等等。对比联想容易使人看到事物的对立面，转变思路，从而诞生巧妙的设想。

【案例24】

丑陋玩具

一天，美国艾士隆公司董事长布什耐在外面散步，他发现有几个小孩子正在玩一只小虫子。这只小虫子不仅满身污泥，而且长得十分丑陋，可是这几个小孩却玩得津津有味、爱不释手。这一情景让布什耐联想到：市场上销售的玩具一色都是形象美丽的，凡是动物玩具，个个都面目清秀、乖巧可爱。假如生产一些丑陋玩具投放市场，销量又将如何呢？

他决定试一试，于是他让设计人员迅速研制了一批丑陋玩具投放市场：有橡皮做成的"粗鲁陋夫"，长着枯黄的头发、绿色的皮肤；有一串小球组成的"疯球"，每个小球上都印着丑陋不堪的面孔……没想到这些丑陋玩具上市后，一炮打响，市场反应热烈，给艾士隆公司带来了丰厚的利润。尽管它们的价格大大高出一般玩具，但销量长盛不衰。

（材料来源：互联网）

3. 联想的方法

（1）自由联想法

自由联想法指的是思维不受限制的联想，可以从多方面、多种可能性寻找问题的答案。

【案例 25】

总统大选饼干

2012 年美国总统大选之前，有一饼干厂推出两位总统候选人头像做包装的饼干，两种饼干的口味、质量、价格完全相同，一些媒体感兴趣两种饼干的销售情况，从人们购买意向推断两位候选人的受欢迎程度，广为跟踪报道。"免费广告"让该饼干迅速成为知名品牌。

（材料来源：互联网）

（2）强制联想法

强制联想法是指把思维强制性地固定在一对事物中，并要求对这对事物产生联想。例如，将花和椅子两个事物之间强制联想，怎么把二者联系在一起呢？可以这样想，花—花型—镂花椅子；花—花香—带花香味的椅子；花—花色—印有花色图案的椅子，等等。看起来毫无关联的两个事物强行联系在一起，思维的跳跃度较大，能帮助我们克服经验的束缚，产生新设想或开发新产品。

【扩充知识 2】

用焦点法进行强制联想

焦点法是以某一特定事物为焦点，依次与选择的事物构成联想点，寻求新产品、新技术、新思想的推广应用和对某一问题的解决途径。焦点法是美国赫瓦德创造的方法。

下面以沙发设计为例，将焦点法的实施过程做一说明。

(1) 要研究的项目定为焦点，沙发即为思考焦点。

(2) 另任选一个内涵丰富的事物作为刺激物。如选择荷花为刺激物。

(3) 提取刺激物的特征，与焦点联系起来思考，提出各种沙发新设想。

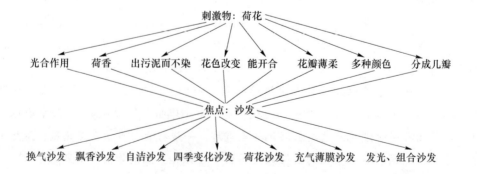

（4）上述想法可进一步发展，如上面第二个设想"充气薄膜沙发"，分别以"充气"和"薄膜"进一步设想。充气——用时充气——便携式囊袋充气后成为沙发——浮在水面上的沙发……；薄膜——超轻沙发——变色沙发——自修复沙发——可变形沙发……

（5）经过分析、比较、判断从上述设计方案中选出有市场竞争力的沙发实验制作。

利用焦点发产生的联想的结果有的可能很荒唐，有的则有一定价值，有的需要进行更深一步的联想。在使用焦点法时，每产生一层次的联想，就意味着突破该事物的一种属性，强制联想可以形成很多待用的解决方案。

（材料来源：《创新思维》一书）

（3）仿生联想法

仿生联想法是通过研究生物的生理机能和结构特性，设想创造对象的方法。自然界的生物经过亿万年的优选、演变，存在着人类取之不尽、用之不竭的创造模型。

飞机的原型是……？是飞鸟。

飞机夜间安全飞行的原型是……？当然是蝙蝠。

气球的原型是……？是什么呢？是蒲公英的种子。

跑步钉鞋的原型是……？虎和猫的脚，因为它们行走或紧急停止时没有能量损失。

【案例 26】

尼龙搭扣是怎样发明的？

尼龙搭扣的发明者叫乔治，是一位瑞士人，工程师。他平时很喜欢打猎，但他每次打猎归来裤腿和衣物上都会粘满一种草籽，即便是用刷子也很难刷干净，非得一个一个地摘才行。

有一次，他把刚摘下来的草籽用放大镜仔细地进行观察，不由大吃一惊：原来在这些小小的草籽上有一个有趣的奥秘。他看到那些草籽上有很多小钩子，正是这些小钩子牢牢地钩住了他的衣裤。

受到草籽的启发，他想，难道不可以用许多带小钩子的布带来替代纽扣或者拉链吗？经过多次试验和研究，他制造了一条布满尼龙小钩的带子和一条布满密密麻麻尼龙小环的带子。两条带相对一合，小钩恰好钩住小环，牢牢地固定在一起，必要时再把它们拉开。乔治依靠对自然的深入观察而发明的这一尼龙扣，成功申请了发明专利，有人称这个发明为19世纪最伟大的发明之一。

（材料来源：互联网）

3.2.5 想象思维

想象思维是人脑对存储的形象进行加工、改造或重组从而形成新形象的思维活动。想象思维可以说是形象思维的具体化，是人脑借助表象进行加工操作的最主要形式，是人类进行创新活动的重要思维形式。

想象思维无处不在，其具有以下几种特征：

（1）形象性

想象思维是借助形象或图像展开的，不是数字、概念或符号。所以，我们可以根据他人的描述，在头脑中塑造出各种各样的形象。比如，我们可以在读古诗时想象出人物和场景的具体形象。例如，《天净沙·秋思》中"枯藤老树昏鸦，小桥流水人家，古道西风瘦马。夕阳西下，断肠人在天涯"。

（2）概括性

想象思维是对外部世界的整体把握，概括性很强。就像爱因斯坦说的："想象力比知识更重要，因为知识是有限的，而想象力概括着世界上的一切，推动着进步，而且是知识进化的源泉。"

（3）新颖性

想象中出现的形象是新的，它不是表象的简单再现，而是在已有表象的基础上加工改造的结果。

（4）超越性

想象中的形象源于现实但又不同于现实，它是对现实形象的超越，正是借助这种对现实形象的超越，我们才产生了无数的发明创造。

想象主要有以下几种类型：

（1）无意想象

无意想象是指一种无目的、无计划的不受主观意志支配的想象。这种想象不受思维框架的束缚，是一种非常自由、活跃的思维状态。梦是无意想象的极端形式，梦虽然是无意想象，但也是由一定的动因引起的：第一，身体部位的某些变化。如胃空时，人们往往梦到自己在到处找食物。第二，外部刺激的作用。如睡觉时风刮树叶的沙沙声，可使人梦到下雨。睡觉时把手压在心脏跳动的部位，就会做恐惧的梦。第三，日有所思，夜有所梦。根据英国剑桥大学哈钦森教授大量的问卷调查，有70%有贡献的学者回答，在他们的创造性活动中，梦境发挥了重要的启示作用。

（2）有意想象

有意想象是一种有目的、有意识的受主观意志支配的想象。它又可以划分为两种类型：再造型想象和创造型想象。再造型想象是指根据语言文字的描述或图样的示意，在大脑中随即形成相应的形象的思维过程。创造型想象指完全不依据现成的描述和引导而独立地创造出新形象的思维过程。如在发明创造过程中，那些形成新概念、构思新形象、设计新产品、研制新技术的过程，都是创造想象。

【游戏8】

100两银子

有个商人在外做生意。他的同乡要回家，于是他就托同乡带100两银子和一封家书给妻子。同乡在路上打开信一看，原来只是一幅画，上面画着一棵大树，树上有8只八哥，4只斑鸠。同乡大喜：信上没写多少银子，我留下50两，她也不知。

同乡将书信和银子交给商人妻子以后，说："你丈夫捎给你50两银子和一封家书，你收下吧！"商人妻子拆信看过后说："我丈夫让你捎带100两银子，怎么成了50两？"那同乡见被识破,忙道:"我是想试试弟媳聪明不聪明。"忙把那50两银子还给了商人的妻子。

请问他的妻子是怎么知道少给了呢?

(材料来源:互联网)

在了解和熟知了想象思维的特征和分类之后,要具体掌握如何提高想象思维能力。提高想象思维能力的方法有以下几个:

(1) 组合

人们为什么可以想象出一些本来不存在的东西?又能怎么控制大脑将想象的东西改变?这是因为,人们想象事物时,其实是用储存的各种别类信息片段组合并模拟事物。由于组合可以多种多样,当然也可以组合出来没有的事物。在这些组合中,属性的组合最为明显。比如,先想象一个"海绵垫子"被一个重物用力压下变形后的样子,我们似乎能看到海绵"凹"的样子,现在,我们赋予这个垫子于"瓷"的属性,然后再想象用重物用力压它,是不是在我们眼前浮现的垫子不再"凹"进去了呢?所以我们把不同事物的某些方面和特征在脑海中结合在一起能够形成新形象。

(2) 夸张

对客观事物的形象中的某一部分进行改变,突出其特点,从而产生新形象。例如,收集阳光的罐子,用太阳能电池板做罐子的盖,将一盏LED灯藏在罐子中,将罐子放在阳光下晒上8个小时。晚上,收藏在罐中的"阳光"带给你别样的光明。

(3) 拟人化

对客观事物赋予人的形象和特征从而产生新的形象。利用拟人化来对事物进行创新的事物及案例非常多,例如,渴急了会晕倒的花盆,随着花盆中水分的变化,花盆会发生倾斜,如果花盆中的水分含量过低,花盆会晕倒,用花盆的姿态来动态表示花盆中的水分含量,仿佛花盆也会"说话"。

(4) 典型化

根据一类事物的共同本质特征来创造新形象。例如,在文艺创作中作家通过艺术想象和虚构,对现实社会生活中的复杂现象进行拆分、提炼、概括、集中,塑造出既富有鲜明个性又具有一定社会意义的想象。常见的典型化途径有几种:一是以自己熟悉的某一生活原型做"模特",再融入所熟悉的其他生活原型的信息;二是将散见在各个生活原型中的信息进行提炼加工,"拼凑"成具有鲜明个性特征的典型形象;三是将生活中虽属少见,但预示着某种新生力量的事件和人物进一步开掘、扩大,塑造出具有一定社会意义的典型形象。

3.2.5 灵感思维

【案例27】

王冠中掺了假

希洛王要做一项金王冠奉献给永恒的神灵,并且如数给了金匠制作金王冠所需要的黄金。金匠做了一顶质量与黄金数量相等的王冠。有人怀疑金匠贪污了部分黄金，并且掺杂了相同重量的白银，但苦于没有证据。国王要阿基米德动动脑筋，但阿基米德苦思冥想却找不到解决的办法。

一天，他带着沉思走进了浴室，当他坐到澡盆里时，溢出的水突然激发了他的灵感，他顾不上洗澡，急忙去做实验。阿基米德把各种物体放进盛满水的容器中，测量证实溢出的水的体积与侵入水中的物体的体积一致。他运用这种方法断定王冠里掺入了比黄金轻的白银。并因此发现了浮力定律，即阿基米德第一定律。

（材料来源：互联网）

爱迪生说过："天才，那就是一份灵感，加上九十九份汗水。"

灵感是一种在自己无法控制、创造力高度发挥的突发性心理状态下思维迸发出的火花。当灵感产生时，人们可突然找到过去长期思考而没有得到的解决问题的办法，发现一直没有发现的答案。灵感是一种顿悟。灵感思维则是一个过程，也是灵感产生的过程。即经过大量的、艰苦的思考之后，在转换环境时突然得到某种特别的创新性设想的思维方式。正可谓"踏破铁鞋无觅处，得来全不费功夫"。

灵感在何时何地出现，受到什么启迪或触发而产生，都是不可预期的，这取决于创造者对问题理解的深浅度、对外界刺激的敏感度等因素，触发的出现往往有意外性和不期而至性。有意召唤，它偏偏不来；无意寻觅，它却突现面前，这就是灵感引发的随机性。

灵感是具有一定的特点和规律可循的，其中灵感的特点有以下几个方面：

（1）突如其来，让人茅塞顿开

所谓突如其来，即它是在人不注意的时候，在人没有想到它的时候，突然出现。它的出现带有偶然性。

（2）它不为人的意志所左右，也不能预定时间

人们无法通过意志让灵感产生，也无法事先计划它的到来，它总是"不期而至"。创造者常常用"出其不意""从天而降"等词来形容灵感发生的速度。

（3）瞬间即逝，飘然而去

灵感呈现过程极其短促，往往只经过一瞬间、一刹那的时间，稍纵即逝。人们把它比作火花、闪电，说来就来，说走就走，来不可遏，去不可留。明末文人金圣叹在对《西厢记》的批语里写道："饭前思得一文，未及作，饭后作之，则为另一文，前文已不可得。"说明了作文章的灵感闪现的特点。

灵感除了一定的特点外，还有以下的规律可循，一般情况下灵感思维的规律有以下几种：

（1）灵感产生于大量的、艰苦的创造性活动后

灵感思维的基础在于创造性活动，如果没有创造性活动，也就不会有灵感。大量的、艰苦的创造性活动使大脑神经绷紧，思维能力达到了突破的边缘，故一旦有一个诱因，即自己需要的信息刚露头，就能立即引起大脑神经的强烈共鸣，灵感就此产生。

(2) 灵感产生于大量的信息输入后

灵感的产生，如同电压加到一定的高度，突然闪光，电路接通，就能大放光芒。因此，在进行创造性活动的过程中，不断地往头脑中输入大量的信息，也是产生灵感的前提之一。

(3) 灵感产生于一定的诱因

大量的信息、大量的创造性活动使创造力处于饱和状态，此状态需要一定的诱因，才能产生质的飞跃。诱因一般产生在紧张思考之后的暂时松弛状态，比如，在散步、走路、坐车、骑车时，或穿衣、刮脸、洗澡时，或从事轻松活动，如赏花、听音乐、钓鱼时，或放松式幻想，或与人交谈、讨论、争辩时，甚至在病中。如我国唐宋八大家之一的著名北宋诗人欧阳修自称："吾生平所做文章在三上，乃马上、枕上、厕上也。"

【案例28】

引发零售业变革的条形码

2011年，伍德兰和西尔弗双双入选美国全国发明家名人堂。两人上大学时，西尔弗偶然听到一名商店管理人员请校方引导学生，研究商家怎么才能在结账时捕捉商品信息，然后告诉了伍德兰。一天，伍德兰正在沙滩上用手指画道道。他回忆那一刻："我把四根手指插入沙中，不知为什么，我把手拉向自己的方向，画出四条线。我说：'天哪！现在我有四条线。它们可以宽，可以窄，用以取代点和长画。'"这就是条形码诞生的灵感。20世纪70年代，伍兰德加入IBM的一个小组，开发可读取条形码的激光扫描系统。商家希望结账时自动、快速读取商品信息，同时降低和库存管理成本。在IBM努力下，条形码从申请专利时的圆形，发展成为全球通用的矩形。如今，全球每天大约50亿件商品接受条形码扫描。

（材料来源：互联网）

3.2.6 "六顶帽"思维

被称为"创新思维之父"的英国心理学家爱德华·德·波诺博士提出了著名的"六顶思考帽"。该方法用6种颜色的思考帽来代表6种思考问题的角度，每一种颜色都会引起人们的一种联想，颜色给我们的印象对应着一种思考问题的角度（见表1-4）。这种独特的思考方法作为政府、企业和个人的决策指南受到了广泛的推广和肯定，在微软、杜邦、IBM、麦当劳、可口可乐、通用等著名的企业得到了成功的应用。

表1-4 六顶思考帽

六顶思考帽子	颜色联想	思考角度
白色思考帽	中性和客观	搜索并展示客观的事实和数据
红色思考帽	直觉和情绪	表达对事物的感性看法
黑色思考帽	冷静和严肃	用小心谨慎的态度指出观点的风险所在
黄色思考帽	希望和价值	用乐观积极的态度指出观点的价值所在

续表

六项思考帽子	颜色联想	思考角度
绿色思考帽	活跃和生机	运用创新思维提出新的观点
蓝色思考帽	理性和沉稳	对整个思考过程及其他思考帽的控制组织

"六项思考帽"要求我们在同一时间只做一件事情，从不同的角度进行思考，如果我想知道某件事的相关信息，那么就戴上白色思考帽；想表达自己的直觉对那件事的看法，那么就戴上红色思考帽；想找出事情的潜在危险，那么就戴上黑色思考帽；想知道事情有哪些价值，那么就戴上黄色思考帽；想寻求新的思路和解决问题的新方法，那么就戴上绿色思考帽；最后，我们戴上蓝色思考帽从宏观上来把握各种因素，就对我们要处理的事情有了公正的看法，从而做出正确的决断。

六项思考帽可以分为三对：白色和红色，黑色和黄色，绿色和蓝色。这两两对立的三对帽子思考了问题的方向可以把问题考虑得很周全，并且达到了相互平衡的效果。

1. 白色思考帽

白色思考帽的思考角度是搜索并展示客观的事实和数据。戴上白色思考帽，我们的大脑就类似一台电脑，搜索与某个问题相关的所有信息，然后把信息显示在屏幕上，不掺杂任何情感因素。我们应该客观地将事实放在桌面上，中立地对待所有信息，排除个人感觉、印象等情绪化的判断。戴上白色思考帽的目的是获得纯粹的实情，而不是证明自己的观点，因此不要只选择对自己有利的信息，也不要害怕信息间发生冲突。

2. 红色思考帽

红色思考帽的思考角度是表达对事物的感性看法，它是反映情绪和直觉的思考。人们通常认为情绪化和非理性的表达会扰乱思考，优秀的思考者应该冷静地权衡利弊，而不能受情感的左右。无论如何回避，人类还是有感性的一面，只是人们把它伪装在了逻辑的里面。红色思考帽给人们提供了"合法"地表达情绪、情感的机会，这种疏导比压抑更有利于解决问题。事实上，情绪对思考的影响主要表现在三个方面：第一，强烈的背景情绪会左右我们的思考；第二，人们常常带着一种情绪对某个问题做出毫无根据的判断；第三，在思考结束后，我们做出任何决策最终都要诉诸情感。

红色思考帽让每个人都有权力把自己的感情自由地释放出来，这让有些人误解了红色思考帽的意义，把它当作情感发泄的工具。实际上，红色思考帽更像一面镜子，会如实地把人们的负面情感反映出来。

3. 黑色思考帽

黑色思考帽思考问题的角度是用小心谨慎的态度指出任一观点的风险所在。为了避免潜在的危险、障碍和困难，为了避免浪费时间、精力和金钱，我们应该考虑不利因素。戴上黑色思考帽就是要把不好的可能性一一罗列出来。黑色思考帽让我们把注意力集中在找出潜在的危险、困难和障碍，指出需要注意的事项以及某项计划与过去的经验、价值观、政策、战略等不相符的地方，提醒我们对一些问题保持警惕以保证我们不犯错。黑色思考帽与红色思考帽表达观点的方式截然相反，红色思考帽完全是情绪化的表述，不需要任何理由，而黑色思考帽符合西方批评思想的传统。任何批判都要以逻辑为基础，任何否定都要有站得住的理由，没有根据的批判和否定不具有任何意义。

4. 黄色思考帽

黄色思考帽的思考角度是用乐观、积极的态度指出任一观点的价值所在。提到黄色，我们会想到阳光、乐观、积极向上。黄色思考帽就是一项让我们保持乐观的思考帽，戴上黄色思考帽的思考者应该尽力指出任何一个观点的价值，尽力把任何建议付诸实践。这要比戴上黑色思考帽困难，因为人们有躲避危险的本能，对可能存在的危险非常敏感，但是对可能存在的价值却比较迟钝。黄色思考帽可以培养我们对价值的敏感，引导我们花时间去寻找价值。

5. 绿色思考帽

绿色思考帽的思考角度是运用创新思维提出新观点。提到绿色，我们会联想到草木在春天长出的嫩芽。绿色思考帽就是一顶充满生命力的思考帽，它让我们超越常规的思维模式，寻找新的解决问题的方法，探索更多的可能性使事情得到更好的解决。戴上绿色思考帽之后，每个人都扮演着创造者的角色，都要从旧观念中跳出来，努力提出新想法，或者对已有的意见进行修正和改进。

6. 蓝色思考帽

蓝色思考帽的思考角度是对思考过程和其他思考帽的控制和组织。提到蓝色，我们会联想到广袤的天空和广阔的海洋。蓝色思考帽的意义在于总揽全局，可以说蓝色思考帽是对思考的思考。在会议开始的时候，主持人应该运用蓝色思考帽把需要解决的问题描述出来，指出思考的目标和预计的结果。然后，安排其他思考帽的使用顺序。在会议过程中，蓝色思考帽要控制其他思考帽的运用，保证每个人按照各个思考帽的思考角度进行思考。此外，它还可以宣布更换思考帽。在讨论结束的时候，蓝色思考帽还负责进行总结，做出决定。一般由主持人戴上蓝色思考帽，但是主持人也可以要求与会人员戴上蓝色思考帽提出建议。

蓝色思考帽给人们指明了思考的方向，从而让他们能够进行步调一致的思考。蓝色思考帽对于个人的单独思考同样适用，它让我们的思考有系统、有组织，这样的思考过程更有效率。

【案例29】

如何看待超市对购物袋收费这件事？

◎ 白色思考帽

超市行业包装袋的年消耗额高达50亿元，一家营业面积在8 000平方米左右的大型超市每年用40万元购买购物袋。

北京市塑料袋的年使用量达51.95亿个，重达1.7万吨。相关测算表明，如果有偿使用，超市购物袋使用量将下降一半以上。

塑料袋的材料是聚乙烯，两三百年也不会解体，并且会不断散发有毒气体。

环境与发展研究所进行的民意调查显示，将近99%的被调查者认为，人们应该减少使用塑料袋以减少白色污染。有65%以上的人同意对塑料袋的使用收费或上税。

据已实施了"有偿使用塑料袋"的麦德龙超市介绍，目前麦德龙的顾客中，购买塑料袋的顾客约占8%。

很多超市把顾客的商品进行分类包装，一次购物往往会用三四个购物袋。极少数的顾客自备购物袋。

◎红色思考帽

超市真的关心环保吗？他们为了赚钱。

每个塑料袋收费2角，太贵了。

我不觉得塑料袋会污染环境，媒体宣传得太夸张了。

我已经习惯免费的购物袋了，接受不了。

我宁可花钱，也要用塑料袋。

◎黑色思考帽

不用塑料袋不方便，用的话还要花钱，总之会有负面影响。

顾客会产生抵触心理。

超市会流失大量顾客。

◎黄色思考帽

促使人们自备购物袋，减少白色污染。

激发人们的环保意识。

可以让人们养成节约的习惯。

超市可以节省开支、增加利润。

◎绿色思考帽

超市应该免费提供可降解塑料袋或其他不产生污染的替代品。

超市为了鼓励顾客不用购物袋，可以回馈给那些自备购物袋的人几角钱。

超市应销售可重复使用的布袋或纸袋。

◎蓝色思考帽

确定白色、红色、黑色、黄色、绿色这个讨论顺序，并规定每个思考帽使用的时间为5分钟，可以适当延长。

每使用完一种思考帽之后做一个小总结。比如，戴上白色思考帽思考之后得出一个结论：塑料袋不但污染环境，而且浪费钱财，大部分人赞成收费。

适时宣布更换思考帽。比如，当人们用太多时间使用红色思考帽的时候，及时宣布摘下红色思考帽戴上黑色思考帽。

最后从宏观上分析议题：理智上大家都赞同收费以便于环保，但是情感上难以接收，超市应该以人为本，想想别的途径而不是用收费的方式控制塑料袋的使用。

情境四　学习创新方法

4.1　思维导图

思维导图由世界著名的心理学家东尼·博赞发明。思维导图又叫心智图，是把我们大脑中的想法用彩笔画在纸上。它把传统语言智能、数字智能和创造智能结合起来，是表达发散性思维的有效图形思维工具。作为21世纪全球革命性思维工具、学习工具、管理工具，思维导图已经应用于生活和工作的各个方面，包括学习、写作、沟通、家庭、教育、演讲、管理、会议等。运用思维导图带来的学习能力和清晰的思维方式已经成功改变了2.5亿人的思维习惯。

思维导图是一种革命性的学习工具，它的核心思想就是把形象思维与抽象思维很好地结合起来，让你的左右脑同时运作，将你的思维痕迹在纸上用图画和线条形式呈现出发散的结构，极大地提高你的智力和智慧水平。

思维导图使用了所有已被定义的创造性思维技巧。当我们创造思维导图时，我们会产生一些大脑能量，这些能量会激发我们寻找通常处于思维边缘的一些想法。因为创造导图是愉快的，能激发我们玩的天性，从而解放我们的思维，开启创造无数观点的可能性。一旦我们绘制出一幅思维导图，许多要素就能够一目了然，这就增加了创造性联系和发现新联系的可能性。

如何绘制思维导图？其实绘制思维导图非常简单，就是借助文字将你的想法"画"出来，绘制思维导图的工具包括：一张白纸、彩色水笔和铅笔、你的大脑和你的想象。东尼·博赞给我们提供了绘制思维导图的7个步骤，具体如下：

(1) 从一张白纸的中心画图，周围留出足够的空白

从中心开始画图，可以使你的思维向各个方向自由发散，能更自由、更自然地表达你的思想。

(2) 在白纸的中心用一幅图像或图画表达你的中心思想

因为一幅图画可以抵得上1 000个词汇或者更多，图像不仅能刺激你的创意性思维，帮助你运用想象力，还能强化记忆。

(3) 尽可能多地使用各种颜色

因为颜色和图像一样能让你的大脑兴奋。颜色能够给你的思维导图增添跳跃感和生命力，为你的创造性思维增添巨大的能量。此外，自由地使用颜色绘画本身也非常有趣。

(4) 将中心图像和主要分支连接起来，然后把主要分支和二级分支连接起来，再把三级分支和二级分支连接起来，依次类推。

(5) 让思维导图的分支自然弯曲，不要画成一条直线

曲线永远是美的，你的大脑会对直线感到厌烦。美丽的曲线和分支，就像大树的枝权一样更能吸引你的眼球。

(6) 在每条线上使用一个关键词

所谓关键词，是表达核心意思的字或词，可以是动词或名词。关键词应该是具体的、有

意义的，这样才有助于回忆。

（7）自始至终使用图形。思维导图上的每个图形，就像中心图形一样，可以胜过千言万语。所以，如果你在思维导图上画出了 10 个图形，那么就相当于记了数万字的笔记。如图 1-3、图 1-4 所示。

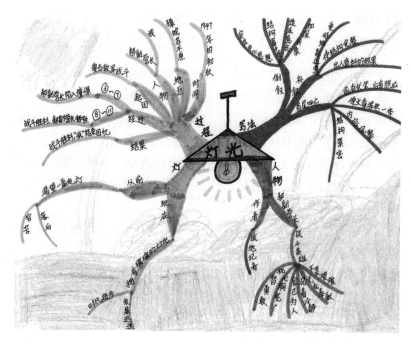

图 1-3

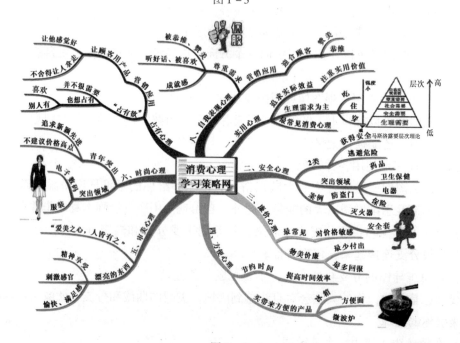

图 1-4

4.2 头脑风暴

【案例30】

如何清除电线积雪？

美国北方每年的冬天都十分寒冷,尤其是进入12月份,大雪纷飞,电线上积满冰雪,大跨度的电线常被积雪压断,严重影响通信。很多人试图解决这一问题,但都未能如愿以偿。后来,电信公司经理应用奥斯本的头脑风暴法,尝试解决这一难题。

他召开了关于如何清除电线积雪的头脑风暴座谈会,提前通知参加会议的不同专业技术人员,收集资料做好准备。会议在几天后召开。经过主持人的引导,大家放下包袱自由自在地讨论开来。

有人提出设计一种专用的电线清扫机;有人想到用热水来化解冰雪;也有人建议用振荡技术来清除积雪;还有人提出能否带上几把大扫帚,乘坐直升机去扫电线上的积雪……

对于这种"坐飞机扫雪"的设想,大家心里尽管觉得滑稽可笑,但在会上也无人提出批评。相反,有一位工程师在百思不得其解时,听到用飞机扫雪的想法后,大脑突然受到冲击,一种简单可行且高效率的清雪方法冒了出来。他想,每当大雪过后,出动直升机沿积雪严重的电线飞行,依靠飞机旋转的螺旋桨即可以将电线上的积雪迅速扇落。他马上提出"用直升机扇雪"的新设想,顿时又引起其他与会者的联想,有关用飞机扫雪的主意一下子又多了七八条。不到一个小时,与会的10名技术人员共提出了90多条新设想。

会后,公司组织专家对设想进行分类论证。专家们认为设计专用清雪机,采用电热或电磁振荡等方法清除电线上的积雪,在技术上虽然可行,但研制经费大,周期长,一时难以见效。那种因"坐飞机扫雪"激发出来几种设想,倒是一种大胆的新方案,如果可行,将是一种既简单又高效的好方法。经过现场试验,发现用直升机扇雪真能奏效,一个久悬未解的难题,终于在头脑风暴中得到了巧妙的解决。

(材料来源:互联网)

4.2.1 头脑风暴法简介

头脑风暴法是美国学者A·F·奥斯本提出的,原指精神病患者头脑中短时间出现的思维絮乱现象,病人会产生大量的胡思乱想。奥斯本借用这个概念来比喻思维高度活跃,因打破常规的思维方式而产生大量创造性设想的状况。头脑风暴的目的是激发人类大脑创新思维以及能够产生出新的想法、新的观念。

头脑风暴作为一种新兴的思维方式,其核心为高度自由的联想。激发头脑风暴的机理主要有以下几个因素:

(1)环境因素

针对一个问题,往往在没有约束的条件下,大家会十分愿意说出自己的真实想法,并很热情地参与到讨论中。而这种讨论通常是在十分轻松的环境下进行的。这样的话能更大限度发挥思维的创造性,得到很好的效果(如图1-5所示)。

(2)链条反应

所谓的链条反应是指在会议进行的过程中,往往通过一个人的观点可以衍生出与之相关的多种想法甚至创新出更加出奇的想法。这是因为人类在遇到任何事物的时候,都会条件反射,联系到自身的情况进行联想式的发散思维。

(3)竞争情节

有时候,也会出现大家争先恐后地发言的情况。那是因为在这种特定的环境下,由于大家的思想都十分的活跃,再加上有一种好胜心理的影响,每个人心理活动的频率会十分高,而且内容也会相当的丰富。

(4)质疑心理

这是另一个群众性的心理因素,简单地说就是赞同还是不赞同的问题,当某一个人的观点提出后,其他人的心理上有的是认同的,有的则是非常的不赞同。表现在情绪上无非是眼神和动作,而表现在行动上就是提出与之不同的想法。

头脑风暴法的实施有3个阶段,分别是准备阶段、自由发言阶段、专家组质疑阶段。

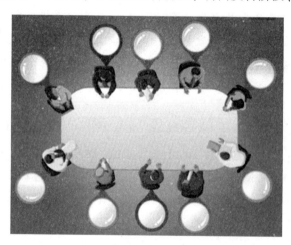

图1-5

(1)准备阶段

第一,确定会议的负责人和研究的议题,抓住议题的关键。

第二,与此同时要敲定参会的人员人数,5~10人为最好。等确定好人数和议题之后,就可以选择会议的时间、场所。然后准备好会议的资料,通知与会人员参加会议就可以了。

第三,在会议开始阶段,不宜上来就让大家开始讨论,这样的话,在与会人员还未进入状态的情况下,讨论的效果不会很好,气氛也不会很融洽。所以我们先要暖场,和大家说一些轻松的话题,让彼此之间有些交流沟通,不会显得生分。在大家进入状态后就开始议题了。主持人介绍参会人员和议题,不要占用太多时间,以简洁为主。因为,过多的描述在一定程度上会干扰大脑的思考。之后大家开始讨论。在进行一段时间的讨论后,大家往往会有更多的关于议题的想法，但弊端是，有可能只是围绕着一个方向发散思维。这时主持人可以重新明确讨论议题，使大家在回味讨论的情况下重新出发，得到不同的方向。

（2）自由发言阶段

自由发言阶段也叫畅谈阶段。畅谈阶段的准则是不允许私下互相交流、不能评论别人的发言、简短发言等。在这种规定下，主持人要发挥自己的能力，引导大家进入一种自由的讨论状态。此外，要注意会议的记录。随着会议的结束，会议上提出的很多新颖的想法要怎么处理呢？以下是一些处理方法：在会议结束的一两天内，主持人还要回访参加会议的人员，看是否还有更加新颖的想法，之后整理会议记录。然后根据解决方案的标准，对每一个问题进行识别，主要根据是否有创新性、有可施行性进行筛选。经过多次斟酌和评断，最后找到最佳方案。这里说的最佳方案往往是一个或多个想法的综合。

（3）专家组质疑阶段

在统计归纳完成之后，就要对提出的方案进行系统性的质疑并加以完善。这是一个独立的程序，此程序分为三个阶段：

第一个阶段：将所有提出的想法和设想拿出来，每一条都要有所质疑，并且要加上评论。怎么评论呢？就是根据事实来分析和质疑。值得提出的是，通常在这个过程中，会产生新的设想，主要就是因为原来提出的设想无法实现，有限制因素。而新的议题就要有所针对地提出修改意见。

第二阶段：和头脑风暴的原则一样，对每个设想编制一个评论意见的一览表。主持人再次强调此次议题的重点和内容，使参加者能够明白如何进行全面评论。对已有的思想不能提出肯定意见，即使觉得某设想十分可行也要有所质疑。整个过程要一直进行到没有可质疑的问题为止，然后总结和归纳所有的评价并建议可行的设想。整个过程要注意记录。

第三阶段：对上述提出的意见再次进行筛选，这个过程是十分重要的，因为在这个过程中，我们要重新考虑所有能够影响方案实施的限制因素，这些限制因素对于最终结果的产生是十分重要的。分析组的成员应该是一些十分有能力，而且判断力高的专家，因为，假如有时候某些决策要在短时间内出来的话，这些专家就会起到很大的作用。

在整个头脑风暴的过程中需要注意的事项有以下几点：

①要对整个会议进行初步的设想，对于你要参加的议题要有所了解，不要觉得你的发言能得到所有人的赞同。

②不要对参加会议的人员有个人情绪，对每个人的发言都要公平，不要以个人的原因而去质疑或是指责别人的想法。

③为了使与会者不受任何的影响，最好在一个十分安静的房间内举行会议，使大家不受外界因素的干扰。

④要对自己有心理暗示。你的提议不是没有用的，恰恰相反，也许正是你的提议成为最后的决策。

⑤假如你的提议没有被选中或是得不到别人的认同，也不要失落，不要去坚持。把它看作是整个头脑风暴的原材料。

⑥在你思考了一段时间后,很有可能你的脑力已经坚持不住了。你可以选择出去散步、吃点东西等,缓解自己的这种压力,从而整理思绪重新参与到团队中来。

最后,要学会记笔记,因为,有些细节很可能在你听的时候就遗漏掉了,所以用笔记录是十分重要的步骤。

4.2.2 头脑风暴的其他形式

(1) 默写式智力激励法

德国学者鲁尔巴赫根据德意志民族性格内向、惯于沉思的特点,改进了奥斯本的头脑风暴法中畅谈会的做法,形成了默写式头脑风暴法,即默写式智力激励法。默写式智力激励法的基本原则与奥斯本头脑风暴法相同,不同的是默写式智力激励法不通过口头表达,而是采用填写卡片的方法来实现,即每次会议或每组有 6 人参加,每人在 5 分钟内提出 3 个创意,所以被称为"635"法。

举行"635"法会议时,由主持人宣布议题,并对与会者提出的疑问进行解释,而后发给每个人几张设想卡片,每张卡片上标有"1、2、3"3 个号码,号码之间留有加大的空间,以便其他人填写新的设想。

在第一个 5 分钟内,每个人针对议题填写 3 个设想,然后把卡片传给右边的人。在下一个 5 分钟内,每个人可以从别人所填的 3 个设想中得到启发,再填上 3 个设想。如此多次传递,半小时可传 6 次,一共可产生 108 个设想。

"635"法可以避免由于熟人争着发言,而使设想遗漏的问题。"635"法与奥斯本头脑风暴法不同之处在于,与会者不能说话,只要求个人开动脑筋。

(2) 卡片式智力激励法

卡片式智力激励法也称卡片法,又可分为 CBS 法和 NBS 法两种,CBS 法由日本创造开发研究所所长高桥诚根据奥斯本头脑风暴法改良而成,特点是对每个人提出的设想进行质询和评价。NBS 法是日本广播电台开发的一种智力激励法。

会议由 5~8 人组成一个小组,会前宣布讨论主题,时间约为 1 小时。会上发给每人 50 张卡片,桌上放 200 张卡片备用。在前 10 分钟内与会者根据会议主题独自填写卡片,每张卡片填写一个设想,每人提出 5 个以上的设想;接下来的 30 分钟内按座次每人轮流解释自己的设想,各人把卡片放在桌子上,轮流进行解说。一次只能介绍一张卡片,并把它放在桌子上;参加者发言完毕后,将内容相似的卡片集中起来,并加上标题,分好类的卡片把标题列在最前头,横排成一列。最后 20 分钟,大家可以相互评价和探讨各自的设想,从中诱发出新的设想。

(3) 三菱式智力激励法 (MBS)

奥斯本头脑风暴法虽然能产生大量的设想,但由于它严禁批评,这样就难于对设想进行评价和集中,日本三菱树脂公司对此进行改革,创造出一种新的智力激励法——MBS 法,又称三菱式智力激励法。

MBS 法由 10~15 人参加,活动进行时,首先主持人提出主题,要求出席者将与主题相关的设想分别写在纸上,然后轮流提出自己的设想并进行详细说明,接受他人的提问或质询，主持人以图解方式进行归纳，再进入最后的讨论阶段。

(4) 逆向式智力激励法

逆向式智力激励法要求与会者对他人的设想百般挑剔，而提出设想者又据理力争，在不断的争论中，逐步使设想成熟和完善。

由于此法违背奥斯本头脑风暴法的"延迟判断"原则，因此适合在相对训练有素、相互熟悉的与会者之间使用，而不宜在设想提出开始阶段使用，可用于对设想进行筛选时使用，以选出有价值的设想。

(5) 德尔菲法

德尔菲法（Delphi method），是采用背对背的通信方式征询专家小组成员的预测意见，经过几轮征询，使专家小组的预测意见趋于集中，最后做出符合市场未来发展趋势的预测结论。德尔菲法又名专家意见法或专家函询调查法，是依据系统的程序，采用匿名发表意见的方式，即团队成员之间不得互相讨论，不发生横向联系，只能与调查人员发生关系，反复地填写问卷，以集结问卷填写人的共识及搜集各方意见，用来构造团队沟通流程，应对复杂任务难题的管理技术。该方法主要是由调查者拟定调查表，按照既定程序，以函件的方式分别向专家组成员进行征询；而专家组成员又以匿名的方式（函件）提交意见。经过几次反复征询和反馈，专家组成员的意见逐步趋于集中，最后获得具有很高准确率的集体判断结果。

4.3 列举法

4.3.1 属性列举法

【案例31】

电风扇的发明

1830年，一个叫詹姆斯·拜伦的美国人从钟表的结构中受到启发，发明了一种可以固定在天花板上，用发条驱动的机械风扇。这种风扇转动扇叶带来的徐徐凉风使人感到欣喜，但得爬上梯子去上发条，很麻烦。

1872年，一个叫约瑟夫的法国人又研制出一种靠发条涡轮启动，用齿轮链条装置传动的机械风扇，这个风扇比拜伦发明的机械风扇精致多了，使用也方便一些。

1880年，美国人舒乐首次将叶片直接装在电动机上，再接上电源，叶片飞速转动，阵阵凉风扑面而来，这就是世界上第一台电风扇。

为了弥补电风扇的缺点、满足人们对个性化及精致化的追求，人们对电风扇加以改进，出现了不同样式和款式的电风扇，例如，便携式塑料电风扇、驱蚊电风扇、飘香电风扇、遥控电风扇、照明吊扇、空调扇、负离子扇、节能环保风扇，声控电风扇、防伪手指电风扇等。

尽管电风扇在不断地进化，但多少年来电风扇的原理和结构并没有发生变化。

2009年英国发明家詹姆斯·戴森利用喷气式飞机引擎及汽车涡轮增压中的技术发明出无叶风扇，电风扇性能有了革命性的改变，无叶片风扇通过底座的吸风孔吸入空气，圆环边缘的内部隐藏的一个叶轮则把空气以圆形轨迹喷出，最终形成一股不间断的冷空气流。

根据电扇的特性，人们不断地改进，满足了不同的需求，发明和创造出了很多有价值和有意义的新型电扇。

（材料来源：互联网）

属性列举法也称为特征列举法，是20世纪50年代在美国内布拉斯加大学的克劳福德提出的。属性列举法是一种通过列举、分析事物特征，应用类比、移植、替代、抽象等方法变换特征以获得发明创意的方法。克劳福德认为，创造既不单凭灵感，也不是机械地将不同产品结合起来，而是对研究对象有用的特点进行改进，且改进时应吸收其他物体的特点，因此，要尽量地列举研究对象的特征。

属性列举法通过对研究对象的特性进行详尽分析，迫使人们将复杂的问题分解，并逐项思考、探究，进而诱发创造性设想。我们学会这种方法，并充分地进行练习后，会提高大脑的发散性加工能力，提高分析问题时的条理化程度，从而提高创新效率。

在明白属性列举法的含义后，要明确属性列举法的操作程序，主要有以下几个步骤：

①确定研究对象。

②讨论研究对象的特征，一般采用日本学者上野阳一提出的区分事物属性的三种方式进行。

　　a. 名词性特征，包括结构、材料、整体、部分组成及制造工艺的名称。

　　b. 动词性特征，包括产品的主要功能及辅助性功能，附属性功能。

　　c. 形容词性特征，包括人对产品的各种感觉。例如，视觉包括大小、颜色、形状、图案、明亮程度等；触觉包括冷热、软硬、虚实等。

③从需要出发，分析产品的各个特征，对比他产品，寻求功能与特征的替代、更新、完善。

④将新增特征与原特征进行综合，提出产品设想。

属性列举法适用于在已有产品的基础上进行新产品开发和革新改造，在使用时应注意四个方面：第一，研究对象的确定应十分具体，若研究的是产品，应是具体的某一型号的产品；若研究的是问题，应是具体的哪一个问题，抽象的研究得不到应有的效果。第二，列举属性时越详细越好。第三，进行思维转换时应注意到思维定式。第四，所研究的题目宜小不宜大，一般来说，要着手解决的问题越小、越简单、越具体，就越容易成功。对于较为庞大、复杂的物体应先将它拆为若干小的部分，分别应用属性列举法进行研究，然后综合考虑最后的解决方案。

【案例32】

台式电扇进行属性列举

第一步，观察台式电风扇，弄清各个部分的功能、结构、原理、材料等特征。

第二步，按属性列举的操作程序进行属性分析、列举。

名词性特征

整体：台式电风扇。

部件：电机、扇片、网罩、支架、底座、遥控器。

材料：钢、铝合金、铸铁。

制造方法：浇注、机械加工、手工装配。

形容词性特征

性能：亮度、转速、转角范围。

外观：圆形网罩、圆形截面柱、圆形底座。

颜色：银白色、浅紫色、米黄色。

动词性特征

功能：扇风、调速、摇头、升降。

第三步，进一步提出改进设想。

针对名词性特性思考

①扇叶的数量能否改变？如360度电风扇、五叶电风扇等。

②扇叶的材料是否改变？如驱蚊电扇、加香电扇等。

③控制按钮改进能否改变？如遥控电扇、声控电风扇等。

针对形容词特性思考

①有级调速能否改为无级调速？

②网罩形状是否可以多种多样？可否采用椭圆形或方形、动物造型、花朵造型、卡通人物造型电扇？

③颜色能否多变？如随温度变色电扇、彩色电扇等。

针对动词特性思考

①改变送风方式如何？如改为移动送风、摆动送风、振动送风、利用涡轮增压技术送风等。

②能否改变为冷热两用的电风扇？如冷暖风扇等。

③能否利用电扇的噪声催眠？如带催眠曲的电扇，带音乐的电扇等。

④可否增加其他附加功能？如产生负离子、增加氧气、净化空气、紫外线杀毒、节能环保电扇等。

第四步，进一步分析评价创造思考的结果，筛选有价值的创造性设想。

4.3.2 缺点列举法

【案例33】

二相插座的发明

1894年，松下幸之助出生在日本一个贫寒的家庭里。正像一些朋友了解的那样，又瘦又小的他9岁起开始打工养家。后来他凭着一项发明开创了自己的事业。这项发明和我们要讲的方法有关系，它就是二相插座。

在松下幸之助那个时代，电源的插口只有一个，人们使用起来很不方便，但大家觉得这很正常，是理所当然的，没有人着手进行改进。

勤奋好学的松下幸之助很快就注意到了这个缺点。优秀的人总是善于看到普通人看不到的问题。于是他开始动脑筋、想办法：怎样才能克服这种不方便呢？经过反复思考和实验，他终于发明了二相插座，有效地克服了之前电源插座的缺点，赢得了巨大的市场。当然现在看来我们的插座各式各样，为了避免相邻插座之间的拥挤，人们设计了环形插座，可拆卸插座，等等。

"为什么呢？怎么你会那样想呢？"松下幸之助经常这样问别人。正是他这种处处留心看到事物的不足和缺点，才使他做出了许许多多电器方面的创新，而这些创新也成就了他的事业。因此，松下幸之助被誉为"经营之神"。

（材料来源：互联网）

任何事物都不是完美的，俗话说"金无足赤，人无完人"。没有十全十美的人或物，所以任何事物都有它的缺点。所谓缺点列举法，就是通过对已有的、熟悉的事物进行深入的分析，在对其缺点意义列举的基础上，找出相应的解决方案，从而完成创新的方法。缺点列举法是一种易于掌握而又应用广泛的方法。用这种方法不需要多么高深的学问，只需要抛弃那种安于现状的心理状态，培养"吹毛求疵"的作风，就能取得创新的成果。当然，对企业来说，如果能站在消费者立场上，切实解决产品的缺点，就能进一步满足消费者的需求，从而得到市场的认可，带来可观的效益。

缺点列举法可以从以下角度思考：

①事物能否实现预定的功能，实现功能时性能如何？效率如何？能耗如何？对环境产生的影响如何？

②原理是否先进？有没有更先进的技术？

③结构是否简单？有没有可以省略的部分？

④制造工艺、方法，有没有缺陷？成本能否降低？

⑤使用中操作是否省时、省力、方便？能否符合人机工作原理？

⑥维护是否花费很高的代价？能否改变维护的方法？

⑦价格是否过高？性价比如何？

⑧是否符合时尚？

⑨观念价值如何？是否符合人们的审美需求？

我国创造学研究者肖云龙深入研究分析与鉴别缺点的措施，他根据缺点的不同作用把列举出来的缺点分为关键性缺点、潜伏性缺点和可以利用的缺点3类。

①关键性缺点：一般情况下，关键性缺点是相对而言的，对事物功能有重大影响的缺点往往被认为是关键性缺点，如电动工具绝缘性能差的缺点，较之其重量偏重、外观欠佳的缺点来说重要得多；工艺品的包装不精美的缺点，较之礼品本身某小部件的色彩欠佳的缺点更重要。

②潜伏性缺点：潜在的近期没有表现出的，但会对未来带来重要影响的缺点。比如，电子产品使用时对人体产生辐射作用、塑料制品报废后不能降解等。抓住别人还没有意识到的

潜伏性缺点，提出改进设想是突破创新的妙招之一。

③可逆用的缺点：事物有两重性，缺点和问题可以向有利的方面转化。缺点在一定条件下可转化为优点，据此我们可以化害为利，变废为宝。

【案例34】

白加黑

每年全国的感冒药市场大约有 100 亿元的销售额，其中一个著名的牌子叫白加黑。为什么那么多年来白加黑一直畅销不衰？根本原因在于它克服了以前吃了感冒药就犯困的缺点，做到了白天不困，晚上睡得香，满足了消费者的需要。

（材料来源：互联网）

4.3.3 希望列举法

希望列举法是对某一创造对象提出种种希望，经过归纳，沿着所提出的希望去进行创造的方法。希望就是人们心理期待达到的某种目的或出现的某种情况，是人类需要心理的反映。创造者从社会需要或个人需要的希望出发，通过列举希望来形成创造目标或课题，在创造方法上就叫希望列举法。比如：人们希望夜间上下楼梯时，楼梯灯能自动亮、自动灭，于是就发明了光声控开关；人们希望洗手后手能快速干燥，于是发明了电热干手机；人们希望擦楼上玻璃窗的不会发生危险，于是发明了磁性双面擦窗器、自洁玻璃、擦玻璃机器人等；人们希望能在通信联络时看到对方的形象，于是就发明了可视电话、视频网络通信。

希望列举法的步骤有以下几点：

①激发和收集人们的希望。

②仔细研究、鉴别人们的希望，以形成"希望点"。希望总是很多，但能不能形成创造课题的希望点，就需要分析和鉴别。表面希望与内心希望的鉴别，要能透过表面希望，发现内心的真正希望，要能鉴别现实希望与潜在希望。而一般希望与特殊希望的鉴别方法是大多数人的希望，是一般希望，而少数人的希望就是特殊希望。

③以"希望点"为依据，创造新产品以满足人们的希望。希望点列举法适合任何创造性课题，不同于缺点列举法。缺点列举法是围绕现有物品缺点提出各种改进设想，这种设想不会离开已经设计完的物品，因而是一种被动的创造发明方法。而希望点列举法是从发明者的意愿提出各种新的设想，它可以不受原有物品的束缚，想象自由空间大，是一种积极、主动的创造发明方法。

4.4 组合法

【案例35】

LifeNet 网式水面救生系统

传统的救生圈在救援时反应速度慢，一个救生圈只能在同一时间给一个落水者使用，当发生大规模海难时，需要大量的救生圈，且被救者很容易漂散开，又面临新的危险，因此，传统水面救生设备无法及时起到有效的救援作用。

为了解决这个问题，浙江大学学生发明了"网式救生系统"，平时救生网压缩折叠后存储在一个救生包中，发生海难时，将救生包抛向落水者，按下按钮就能在短时间内给救生网充气，迅速充气形成网式救生圈。单个救生网还能互相连接，形成更大的救援系统，避免落水者分散失踪，为数十甚至上百待救人员提供第一时间救助。

（材料来源：互联网）

组合法是将两种或两种以上的事物或理论的部分或全部进行有机的结合、变革、重组，从而诞生新产品、新思路或形成独一无二的新技术。组合法是对事物创造性的综合，综合的结果创造出新思想、新概念、新技术、新产品。参与组合的事物相辅相成，优势互补，共同发挥作用，组合后不仅是量的叠加，更且是质的突变，参与组合事物的原有功能被保留，组合后又产生了新的效应，即 $1+1>2$。

有人对 1900 年以来的 480 项重大创新成果进行了分析，发现从 1950 年以后，原理突破型成果的比例开始明显降低，而组合型发明开始成为技术创新的主要方式。据统计，现代技术创新中组合型成果已经占到了 60%～70%。这也验证了晶体管发明者之一肖克莱所说的一句话："所谓创新，就是把以前独立的发明组合起来。"例如，牙膏＋中药＝药物牙膏；电话＋视频采集＋视频接收＝可视电话；毛毯＋电热丝＝电热毯；自行车＋蓄电池＋电机＝电动自行车。生活中这种组合发明的例子比比皆是，组合法是一个很好的创新的方法。

根据组合的事物不同，组合法的实现方式也分为很多种，下面介绍四种常见的组合方式：

1. 主体附加

主体附加就是在原有的事物中补充新内容，在原来的产品上增加新附件的创新方法。

这个方法有四个要点：一是在组合创新中，主体不变或变化不大，即原有的技术思想或者产品基本保持不变。二是附加的部分只起到补充完善主体的作用，不会导致主体大的波动。三是附加部分有两种，第一种是已有的产品（如自行车附加的铃铛、后视镜、里程表等），第二种是根据主体的情况专门设计的产品（如自行车专用雨罩、专用货物架等）。四是附加物大都是为主体服务的，用于弥补主体的不足。

【案例 36】

瑞士军刀

瑞士军刀原为士兵随身携带的必备工具，它以功能齐全、质量上乘、造型别致等特点，被世界各国视为珍品。雅号为"瑞士冠军"的瑞士军刀是这个"家族"的典型产品，它以刀和柄为主体，附加上开罐器、开瓶器、木塞拔、螺丝刀、剥线器、钻孔锥、剪刀、钩子、木锯、凿子、钳子、叉子、放大镜等 20 多种工具。这把相当于一个工具箱功效的军刀，其长度仅有 9 厘米，重 185 克，与我们常用的电工刀相差无几。这把军刀结构布局极其合理和紧凑，繁而不乱，多而不虚，其完美程度令人拍案叫绝。

（材料来源：互联网）

2. 同类组合

把两个相同或者相近的事物简单叠合就是同类组合。同类组合的原理是以量变促质变，弥补单个事物单独使用时功能或性能上的缺陷，以得到新的功能、产生新的意义。而这种新功能或新意义，是事物单独存在时不具有的。

同类组合的要点是：第一，组合的对象是两个或者两个以上的同一事物。第二，组合前后，参与组合的事物，其基本原理、基本结构一般没有根本变化。第三，在保持原有功能和意义的前提下，用数量增加来弥补原功能的不足，或求取新的功能和意义，而这种新功能和新意义是事物单独存在时不具有的。

【案例37】

把订书机组合起来

用订书机装订书、本、文件、票证时，常常要订两到三个钉，需要操作者按压订书机两三次。钉距、钉与纸的3个边距全凭眼睛瞅着定位。因此装订尺寸不统一，质量差，功效也很低。福建有位青年运用同类组合的方法，将两个相同规格的订书机设计到一起，通过控制和调节中间结构，就可以适应不同装订的要求，每按压一次，既可以同时订出两钉，也可以只出一个钉，钉距还可以根据需要进行调节。这样的订书机既保证了装订质量，又提高了效率。

（材料来源：互联网）

3. 异类组合

异类组合是指两种或两种以上不同领域的思想、理论方法的组合，或两种及两种以上不同功能的产品的组合。异类组合的三个要点是：第一，组合对象来自不同方面，一般没有主次关系。第二，参与组合的对象从意义、原理、构造、成分、功能等任一方面互相渗透，整体变化显著。第三，异类组合是异中求同，相对于主体附加来说，创造性更强。异类组合绝不是事物的简单叠加，而是围绕一个中心互相取长补短，创造出新事物。

【案例38】

音乐牙刷

研究发现，很多人的牙齿疾病不是牙齿本身的原因造成的，而是由于不正确的刷牙方法导致的。怎么才能让人们养成正确的刷牙姿势呢？

法国医生西阿胡在1980年发明了音乐牙刷，竖着刷时，刷内会演奏悦耳的曲子，横刷时音乐会立即停止，使用这种牙刷，有利于养成正确的刷牙习惯。

（材料来源：互联网）

4. 辐射组合

辐射组合是扩散思维的表现形式。它是以一种新事物为中心，将其原理、结构、材料或方法等应用到多种事物中的方法，其中的新事物称为辐射源。

辐射组合的要点是：确定辐射源后，充分运用扩散思维，从已有的信息出发，不受限制地向四周扩散，直到才思用尽。

【案例39】

激光产品

1960年美国青年学者梅曼根据爱因斯坦提出的"受激辐射"理论，发明了世界上第一台红宝石激光器。该激光器的特点是：高性能、高亮度、高热效应、高集中度。几十年来，人们把激光的原理与其他领域组合，形成了许多新技术，如激光打孔、激光切割、激光焊接、激光手术、激光理疗、激光测距、激光制导、激光通信、激光育种、激光唱片、激光照相、激光照排、激光武器等。

（材料来源：互联网）

4.5 移植法

移植法，就是指将某个领域中已有的原理、技术、方法、结构、功能等，移植应用到其他领域，导致新设想诞生的方法。中国有句古语："他山之石，可以攻玉"，正是移植法的写照。

运用移植法首先遇到的问题是：移植什么？为什么移植？这涉及移植法的应用条件。经验表明，下面三点是应用移植法的必要条件：

①用常规方法难以找到理想的设计方案或解题设想，或者利用本专业领域的技术知识根本就无法找到出路。

②其他领域存在解决相似或相近问题的方式方法。

③对移植结果能否保证系统整体的新颖、先进和实用有一个估计或肯定性判断。

当具备这三个条件时，才能使采用移植法的创新活动有实质性的意义。

移植法有四种类型，分别是原理移植、功能移植、材料移植、方法移植。

1. 原理移植

原理移植是指把某一领域的原理移植到另一不同的领域，从而产生新设想的方法。

【案例40】

超声波技术推广

超声波技术原用于清洗、测量、探伤、熔解、研磨、切割等。近年来，通过对超声波技术的进一步开发，使某些传统产品产生了"革命性变化"。日本研制的超声波洗衣机，洗衣服时，洗衣机把超声波和空气流一起压入水中，从而使衣物中的油脂和污垢脱离纤维，将衣物洗干净。美国研制出了靠高频超声波在缝合处振动、摩擦生热，以极高的速度将衣料片熔接在一起，比用针线缝更美观、坚固。市场上新近还推出了超声波牙刷，刷牙时，从牙刷毛中喷出一束细小的水柱，并产生气泡和超声波，不仅清洁效率高，而且对牙龈有保健按摩作用。

（材料来源：互联网）

2. 功能移植

功能移植是指将某项技术独特的功能，应用到其他领域，导致功能扩展的方法。如拉链过去用在衣服上、鞋上，近年来，有人把拉链用在自行车外胎上，甚至用在外科手术伤口的缝合上。

【案例 41】

气泡移植

气泡有什么功能呢？通过发酵技术在面团中产生气泡，做出来的馒头或者面包，比没有气泡的面点好吃多了，不仅口感好，也有利于消化。那么，气泡这样的"功能"能否移植到其他领域呢？答案是肯定的。美国人把"气泡"功能移植到了橡胶生产中，把能产生气泡的发泡剂参入生橡胶中，橡胶熟化后，就会像面包一样膨胀，于是就有了橡胶海绵。德国人把"气泡"功能移植到了塑料加工中，发明了美观便宜的泡沫塑料及其生产工艺。

日本人几乎可以说是全世界最善于把最新的技术移植到各个领域的，日本真正的原创技术并不是很多，但他们很善于把新技术应用到工业和民用领域，从而产生很好的经济效益。日本人把"气泡"功能移植到冰激凌中，诞生了口感松软的雪糕。他们还将"气泡"移植到了香皂和肥皂中，诞生了泡沫香皂和泡沫肥皂。另外，日本人还把"气泡"功能移植到了水泥制品中，发明了气泡混凝土预制及其生产工艺。这种材料因为良好的隔音和绝热性能而广泛用于高层建筑以及隔音保暖材料中。

（材料来源：互联网）

3. 材料移植

材料移植就是将原有材料进行创造性的应用，从而带来新的使用功能和使用价值的方法。产品的使用功能和使用价值，除了取决于技术创造的原理功能和结构功能外，也取决于物质材料。物质材料的每一次创造性应用，在带来新的使用功能和使用价值的同时，也使人们对它产生了新的认知。物质材料在各种产品上的广泛应用，大大开阔了人们的眼界。

【案例 42】

玻璃桥

在人们的心目中，桥只能用砖头、木料、藤条、钢材、铁索、钢筋混凝土等材料建筑。然而，科学家们在众多建桥新材料中，破天荒地想用玻璃架桥。玻璃透明、质轻，传统观念中的玻璃是易碎材料，它能否承受重力和负载振动，作为结构材料移用到建桥行业，造出晶莹剔透的玻璃桥呢？保加利亚的科学家们用玻璃建造了一座宽 8 米、长 12.5 米的玻璃桥，重 18 吨的载重汽车飞驰而过，玻璃桥安然无恙。科学家们终于将玻璃植入别的行业，使它发挥了新的作用。

（材料来源：互联网）

4. 方法移植

方法移植是从问题出发去寻找其他现有成果以解决问题,属于解决问题的途径和手段的移植。

【案例43】

小猫爪套风靡欧美

家里养一只可爱的宠物猫,在享受乐趣的同时又增添很多烦恼,小猫锋利的爪子会划破沙发和地板,抓伤主人,因此,人们必须要不停地为小猫剪指甲,甚至有人通过进行风险很大的猫爪切除手术来避免这一问题。有位兽医从手术之后给小猫戴上的护套受到启发,发明了小猫爪套。在给小猫修剪指甲后,在爪套中注入特殊的粘贴胶水,罩住猫脚爪上锋利的指甲,就达到了目的。不仅小猫的爪子戴上爪套之后"变"柔软,而且五颜六色的猫爪手套使小猫更加可爱。

(材料来源:互联网)

4.6 奥斯本检核表法

4.6.1 奥斯本检核表法

世界上第一张检核表是由美国的奥斯本设计的。所谓的检核表,就是围绕需要解决的问题或者创新的对象,把所有的问题罗列出来,然后一个个来讨论,以促进旧思维框架的突破,引向创新设想(见表1-5)。

表1-5 奥斯本检核表

用途	有无新的用途?是否有新的使用方式?可否改变现有使用方式?
类比	有无类比的东西?过去有无类似问题?利用类比能否产生新观念?可否模仿?能否超过?
增加	可否增加些什么?附加些什么?提高强度、性能?加倍?放大?更长时间?更长、更高、更厚?
减少	可否减少些什么?可否小型化?是否可密集、压缩、浓缩?可否缩短、去掉、分割、减轻?
改变	可否改变功能、形状、颜色、运动、气味、音响?是否还有其他改变的可能?
代替	可否代替?用什么代替?还有什么别的排列?别的材料?别的成分?别的过程?别的能源?
交换	可否变换?可否交换模式?可否变换布置顺序、操作工序?可否交换因果关系?
颠倒	可否颠倒?可否颠倒正负、正反?可否颠倒位置,头尾、上下颠倒?可否颠倒作用?
组合	可否重新组合?可否尝试混合、合成、配合、协调、配套?可否把物体组合?可否把目的组合?可否把物性组合?

检核表几乎适用于任何类型与场合的创新活动,因此,享有"创新方法之母"的美称。目前,在不同的领域流传着许多检核表,但知名度最高的还是要数奥斯本的检核表,而且后

来许多的方法都源于这张表。

①能否借用？现有的东西有无其他用途？保持原状不变，能否扩大用途？稍加改变，有无别的用途？运用扩散思维的方法，想方设法广泛开发它的用途。例如，像之前我们介绍的利用淘汰的飞机发动机产生强大的气流扫雪案例，发明吹雪车，效果良好。

【案例44】

可以发电的足球

哈佛大学社会学系的两名女生发明了一种"插座足球"，把人对足球的爱好与对照明的需要结合起来。既可以用来踢，又可以把动能转化为电能储存起来。"插座足球"看起来就像一个普通足球，存储电力的原理是将踢球时的能量存储在一节电池里，而这节电池可以用来给手机等小电器充电。踢30分钟球所存储的能量足够令LED灯亮3个小时。在投资者及家庭的帮助下，两名女生完成了原型的发明，并展开了一系列测试。很多孩子都玩过这种足球的"初始版"，随后，她们又根据需要不断加以改进，令其重量更轻。后来，她们成立了一家社会企业，继续致力于将有趣性和社会服务性相结合的发明，如今该企业的年收入已经达到200万美元。

（材料来源：互联网）

②能否他用？能否从别处得到启发？能否借用别处的经验和发明？过去有无类似的东西可以模仿？谁的东西可模仿？现有的发明能否引入其他的创造设想之中。

【案例45】

借用紫外线黑光的魔法

"二战"中，指挥官R·莫特的任务主要是在每次飞行后检查并指挥飞机在甲板上降落。然而，在黑夜里，飞机难以看清航标信号，不易降落在甲板上，如果加强照明，则军舰有暴露给敌人的危险。这时，他想到了在纽约万国博览会上看到"紫外线黑光的魔法"，受到启发，于是指令所有的降落指挥官都穿上带有一种发光物质信号装置的制服。驾驶员借助于紫外线便可以看清信号装置，顺利降落，而敌人什么也看不见。

（材料来源：互联网）

③能否改变？现有的东西是否可以做出某些改变？改变一下会怎样？可改变一下形状、颜色、音响、味道吗？是否可能改变一下型号模具或运动形式？改变之后，效果如何？

【案例46】

制造方法的改变

近年来，洗衣机洗涤方式有了全新的变化。如海尔六重瀑布洗衣机采用立体洗涤，能有效地溶解洗衣粉、清除污渍，提高洗净比30%以上。"神龙"洗衣机采用的是仿生模拟手搓洗涤方式，在其内桶中央有一搓洗棒，可做300度以内的往复摆动，形成上下翻转的水流，领口、袖口处也可洗得干干净净；美国一公司开发的电磁洗衣机是利用高频电磁微振，使去污力特别强，且比一般洗衣机可节电 75%，节水 50%；韩国大宇公司开发的气泡洗衣机是利用空气泵产生气泡，气泡破裂时产生的能量可提高洗涤效果 55%，且对衣服磨损减少；意大利开发的喷雾洗衣机是利用喷雾来清洗衣物；俄罗斯开发的冷沸腾洗衣机可在几秒钟内将洗涤桶上部的空气抽走形成负压，使水呈沸腾状态。衣服在泡沫旋涡中反复搅动两分钟就可洗净，不用任何洗涤剂，无震动、无噪声、无污染、不伤衣物。

(材料来源：互联网)

④能否扩大？能否增加使用功能？能否扩大应用范围？能否更高些、更长些、更厚些，能否增加材料？能否添加零部件？能否增加强度、寿命、价值？能否复制或是加倍乃至夸张等。

【案例 47】

扩大其功能

将一层透明的薄片或其他薄片挤压在两层玻璃中间，可以制成一种防震、防碎或防弹的安全玻璃；在牙膏中掺入某种药物，可制成防酸、脱敏、止血、抗龋齿等治疗保健牙膏，可以使牙膏有治疗口腔疾病的功效；泥中加入钢筋可使它既承压又抗拉，加入气泡可减轻重量，且隔音隔热，加入颜色使建筑物赏心悦目。美国的一家公司用聚丙烯加固并经特殊处理后制成无缺陷水泥，其弹性提高 30 倍，抗冲击性提高 1 000 倍，韧性与有机玻璃相当，且防水、抗酸、抗碱、耐寒不开裂。煤气没有气味，一旦泄露危害很大。"乙硫醇"臭气非常强烈，空气中只要有五千亿分之一就能闻到，所以，在煤气中加入极微量的"乙硫醇"，就可以有效地判断煤气是否有泄露问题。

(材料来源：互联网)

⑤能否缩小？能否减小些什么，能否更小点，能否微型化，能否做到浓缩、更低、更短、更轻或是加以省略，能否分割？

【案例 48】

变得更小

最初发明的收音机、电视机、电子计算机、收录音机等体积都很庞大，结构也非常复杂，经过多次改革，小型化、袖珍化了，结构也简单多了。日本索尼公司的微型盒式磁带录音机只有一张名片那么大，东芝公司的微型照相机仅 7 厘米，"卡西欧"微型电视机屏幕只有 5 厘米。瑞士人首先想到把挂钟缩小为怀表，又进一步缩小为手表。法国制成的小摩托车自重仅 2.5 公斤，时速可达 80 公里。折叠床、伞、扇、包、箱子，可以装在眼镜架上的袖珍收音机、笔记本大小的迷你复印机，迷你型电吹风、小型冰箱、小型洗衣机、便携式录音机、轻便轿车和笔记本电脑受到消费者的欢迎。我国留美学生李文杰 1992 年发明了世界上最小的电池，只有红细胞的 1%，用于集成电路上可提高功能 100 倍。上海一家公司制造出直径只有 200 微米的电动机，广泛用于医疗微创手术。

(材料来源：互联网)

⑥能否代用？可用什么代替？能否采用其他材料、其他素材、其他工序或是其他动力，能否选择其他场所、其他方法？

【案例49】

替代

为了使宇宙飞船能把在月球上收集到的各种信息发回地面,供人类研究,就必须在月球上架设一架像大伞似的天线。由于宇宙飞船要携带很多精密仪器,容积非常有限,怎样才能把很占空间的天线带上月球呢?科学家为此绞尽脑汁。后来,人们从材料选择方面入手,即采用形状记忆合金,在40℃以上做成天线,然后冷却,把天线折叠成球团放进飞船里,送到月面后使天线"记忆"起原来的形状,自动展开而达到预定的状态,从而创造性地解决了技术上的难题。

(材料来源:互联网)

⑦能否调整?能否替换要素?能否采用其他顺序或其他布局?能否置换原因和结果?能否改变步调或改变日程表?能否从相反方向思考?

【案例50】

调整销售策略

1985年年初,上海某纺织厂按出口要求生产了20万条织缎西装手帕,投放国内市场,却销售不出去。万般无奈之下,他们对每件产品都按一定的装饰要求,折成手帕花,再印上吉利喜庆的图案,用印有"西装手帕"字样的透明塑料口袋包装。产品不仅没打七折,还提价20%,20万条西装手帕不到一个月就全部被抢空。

(材料来源:互联网)

⑧能否颠倒?能否作用颠倒、位置颠倒、因果颠倒?是否可以换一换方向?

【案例51】

颠倒位置

一般电冰箱都是上冷下"热",即冰冻室在上,冷藏室在下。而万宝电器集团公司生产的BCD-202W双门无霜电冰箱却恰好上下颠倒,即冷藏室在上,冷冻室在下。冷藏室在上层,既便于经常取用水果、饮料等(无须弯腰),又不受污染,便于调节温度;冷藏室在下,冷气下沉使其负载温度回升时间比一般冰箱长近一倍,节约能源,减少耗电。

(材料来源:互联网)

⑨能否组合?是指现有事物能否加以适当组合,或做原理组合、方案组合、材料组合、部件组合、形状组合、功能组合、目的组合等。

人们常常把某种新的科学技术同各种方法组合起来,如发现超声波技术后,就创造了超声波研磨法、超声波焊接法、超声波切割法、超声波理疗法、超声波洗涤法等。产品之间的组合更是层出不穷,如把电动机同各种机械、工具、玩具组合,把电子计算机同各种机械组合成一种自动机械;把各种类型的机床结合成一部组合机床;输液瓶外侧附加电子光控电路成为注射报警器;把收音机和录音机组合;把照相机和闪光灯组合;等等。

4.6.2 和田十二法

和田十二法是在借鉴检核表法和其他创造方法的基础上,由我国创造学研究者在上海和田路小学实验后提炼总结出来的,它表述简捷,便于掌握,从12个角度提问,更具有启发性和发散性,有助于对问题深刻理解。

(1) 加一加

"加一加"的思路是:在这件东西上添加些什么或把这件东西跟其他东西组合在一起,行不行?加一加后会变成什么新东西?这新东西有什么新的功能?例如,把载重车加长一点,就成为大平板车,可以运输超长物件;把火车车辆加高一层,就变成了双层车厢,增加载客量。

(2) 减一减

"减一减"的思路是:能在某件东西上减去什么部分吗?能把某样东西的重量减轻一点吗?在操作过程中减少次数行不行?这些从形态上、重量上、过程中的"减一减"能产生什么好的效果吗?例如,将眼镜架去掉,再减小镜片,就发明制造了隐形眼镜。

(3) 扩一扩

"扩一扩"是指把某样东西放大、扩展来达到你想要达到的目的。这样东西如果放大、扩展(声音扩大、面积扩大、距离扩大等),它的功能与用途会有哪些变化?这件物品除了大家熟知的用途外,还可以扩展出哪些用途?

(4) 缩一缩

"缩一缩"的思路是:把某件东西压缩、折叠、缩小,它的功能、用途会发生什么变化?

例如,一般饼干进行压缩变成了压缩饼干;台式电脑缩一缩变成了手提电脑;热水瓶在体积上缩一缩变成了保温杯,等等。

(5) 变一变

"变一变"是指改变原有物品的形状、尺寸、颜色、滋味、浓度、密度、顺序、场合、时间、对象、方式、音响等,从而形成新的物品。例如,swatch手表款式多变,注入了心情、季节、时尚等元素,才更受欢迎;当年的摩托罗拉V70会旋转的手机是变换款式抢先获得高额利润的典范。

(6) 改一改

"改一改"就指把某件东西的一部分或缺点、不足之处一一减去来达到人们想达到的目的。某件东西在使用过程中,还有哪些缺点或不足?把这些缺点与不足排一排,再分析一下,看看哪个缺点是主要的或必须马上解决的,怎样改进才能克服或尽量减少缺点,给人们带来方便。

例如,雨伞当初的手把太长,变成了可收缩雨伞;万宝路香烟当初定位于女性香烟,女人不买账,改了创意和宣传卖给了男人才有了今天的万宝路;同一产品卖点改一改就卖活了,比如,王老吉把卖点改为预防上火的饮料就迅速火了起来;将缺点改成特色进行宣传,往往能达到以迂为直,以患为利的境界。

(7) 联一联

"联一联"的思路是：某件事情的结果跟它的起因有什么联系？能从中找到解决问题的办法吗？把两样或几样似乎不相干的事物联系起来，会发现什么规律？把几样东西联系在一起，或几件事情联系起来，能帮助我们解决什么问题？例如，蒙牛将航天载人火箭与牛奶联系在一起，借势提升了知名度和牛奶的品质；江南春在电梯即将关闭时看到舒淇的海报，联想到电梯门口安电视，造就分众传媒，带来亿万财富。

(8) 学一学

"学一学"的思路是：有什么事物可以让自己模仿、学习一下？模仿它的某些形状、结构或学习它的某些原理、方法。这样做，会有什么良好的效果？这样会创造出什么新的东西？

例如，福特汽车公司老板福特看到本公司生产线上装配一辆T型车需要12.5小时，他认为太慢了，决心改进，但是又无良策。他夫人建议参观屠宰场、橡胶厂，看看他们运输材料的生产过程。他们首先到了罐头厂，看到生产线很长，整块猪肉经切碎、蒸煮、装罐、运输过程完全用滑轮，不用人力，简便快速。回厂后，他召集技术人员设计制造了装配汽车的运输带，装配一辆车的时间降为83分钟，极大地提高了装配速度，这也就是我们现在的生产流水线。

(9) 替一替

"替一替"是指用其他的事物或方法来代替现有的事物，从而进行创新的一种思路。有些事物尽管应用的领域不一样，使用的方式也各有不同，但都能完成同一功能，因此，可以试着替代，既可以直接寻找现有事物的代替品，也可以从材料、零部件、方法、颜色、形状和声音等方面进行局部替代。

例如，用纸代布，制成纸衬衣领、领带领、纸太阳帽、纸内衣、纸结婚礼服等一次性产品，色彩鲜艳，造型别致，价格低廉，在国际市场上甚为走俏。

(10) 搬一搬

"搬一搬"是指将原事物或原设想、技术移至别处，使之产生新的事物、新的设想和新的技术。即把一件事物移到别处，还能有什么用途？某个想法、原理、技术搬到别的场合或地方，能派上别的用处吗？例如，把电视机上的拉杆天线"搬"到教师的讲台，就成可伸缩的"教棒"；舒蕾刚开始投放市场时，宝洁柜台在哪它就搬到哪，和第一拉近距离，不就是第二吗？

(11) 反一反

"反一反"就是将某一事物的形态、性质、功能及其正反、里外、横竖、上下、左右、前后等加以颠倒，从而产生新的事物。"反一反"的思维方法又叫逆向思维，一般是从已有事物的相反方向进行思考。

例如，计算机都以渠道为核心竞争力，但戴尔却不搞传统渠道，玩直销才成为计算机老大；田忌赛马的故事告诉我们，顺序颠倒，要素不变可以改变竞争的结局；动物园是动物关在笼子里，我们看，野生动物园是我们在一个铁笼子车里，凶猛的动物看我们，当然也是我们看动物，反过来了就更刺激，票价也就越贵。

（12）定一定

"定一定"是指对某些发明或产品定出新的标准、型号、顺序，或者为改进某种东西，为提高学习和工作效率及防止可能发生的不良后果做出的一些新规定，从而进行创新的一种思路。

例如，营销从某种意义来说就是定位，定位就是心智中找到一块资源。农夫山泉有点甜；宝洁产品各显神通：海飞丝去头屑，飘柔柔顺，潘婷护发，沙宣专业。

和田十二法还有一个口诀方便大家快速地记忆，口诀内容为：

加一加、减一减

扩一扩、缩一缩

变一变、改一改

联一联、学一学

替一替、搬一搬

反一反、定一定

4.7 TRIZ 方法

TRIZ（俄文 теории решения изобретательских задач，缩写"ТРИЗ"），直译是"发明问题解决理论"，国内也形象地翻译为"萃智"或者"萃思"，取其"萃取智慧"或"萃取思考"之义。TRIZ 理论成功地揭示了创造发明的内在规律和原理，着力于澄清和强调系统中存在的矛盾，其目标是完全解决矛盾，获得最终的理想解。

苏联发明家阿奇舒勒等人通过对世界上近 250 万件高水平发明专利的分析研究，总结出人类进行发明创造解决技术问题过程所遵循的 40 个原理和法则。建立一个由解决技术问题、实现创新开发的各种方法、算法组成的综合理论体系，简称 TRIZ。

TRIZ 的九大理论体系如下：

（1）8 大技术系统进化法则

促使我们知道技术系统是如何进化的，为技术创新指明方向。

（2）最终理想解（IFR）

促使我们明确理想解所在的方向和位置，避免由于折中法缺乏目标所带来的弊端。

（3）40 个发明原理

指引发明的原理，使创造性思维得到扩张。

（4）39 个通用参数和阿奇舒勒矛盾矩阵。

（5）物理矛盾和四大分离原理

通过对矛盾的分析，在矛盾表中查找可能的解法，解法是由 40 个发明原理组成的。物理矛盾和分离原理促使我们发现物理矛盾的 11 条分离方法和 4 大分离原理。

（6）物－场模型分析

一种重要的问题描述和分析工具，用以建立与已存在的系统或新技术系统问题相联系的功能模型。可以通过物－场分析法描述的问题一般称为标准问题，可以采用 76 个标准解法进行求解。

(7) 76 个标准解法

针对标准问题提出的解法，标准解法是 TRIZ 高级理论的精华之一。TRIZ 发明问题解决算法非标准问题主要应用发明问题解决算法（ARIZ）来进行解决。ARIZ 的思路是将非标准问题通过各种方法进行变换，转化为标准问题，然后应用 76 个标准解法来予以解决。

(8) 发明问题解决算法

ARIZ 是发明问题解决过程中应遵循的理论方法和步骤。ARIZ 是基于技术系统化法则的一套完整问题解决的程序，是针对非标准问题而提出的一套解决算法。

(9) 科学效应和现象知识库

科学原理，尤其是科学效应和现象的应用，对发明问题的解决具有超乎想象的、强有力的帮助。应用科学效应和现象应遵循 5 个步骤，解决发明问题时会经常遇到需要实现的 30 种功能，这些功能的实现需要用到 100 个科学效应和现象。

【案例 52】

TRIZ 理论现实的应用

通过下面一个金鱼法（一种克服思维惯性的方法）的简单应用，让我们来了解一下 TRIZ 理论中创造性问题分析方法在现实问题解决中的应用。埃及神话故事中会飞的魔毯曾经引起我们无数遐想，那么，我们不妨一步步分析一下这个会飞的魔毯。

现实生活中虽然有毯子，但毯子都不会飞，原因是毯子具有重量，而毯子的重量比空气重。那么，在什么条件下毯子可以飞翔？我们可以施加向上的力，或者让毯子的重量小于空气的重量，或者希望来自地球的重力不存在。如果我们分析一下毯子及其周围的环境，会发现这样一些可以利用的资源，如空气中的中微子流、空气流、地球磁场、地球重力场、阳光等，而毯子本身也包括其纤维材料、形状、质量等。那么，利用这些资源可以找到一些让毯子飞起来的办法，比如：毯子的纤维与中微子相互作用可使毯子飞翔；在毯子上安装提供反向作用力的发动机；在没有来自地球重力的宇宙空间；毯子由于下面的压力增加而悬在空中（气垫毯）；利用磁悬浮原理；或者毯子比空气轻。这些办法有的比较现实，但有的仍然看似不可能，比如，毯子即使很轻，但也比空气重，对这一点我们还可以继续分析。比如，毯子之所以重是因为其材料比空气重，解决的办法就是采用比空气轻的材料制作毯子，或者毯子像空中的尘埃微粒一样大小，等等。

通过上面一个简单分析过程，我们会发现，神话传说中会飞的毯子逐渐走向现实，从中或许我们可以得到很多有趣甚至十分有用的创意。这个简单的应用展示了金鱼法的创造性问题分析原理：即它首先从幻想式构想中分离出现实部分，对于不现实部分，通过引入其他资源，一些想法由不现实变为现实，然后继续对不现实部分进行分析，直到全部变为现实。因此，通过这种反复迭代的办法，常常会给看似不可能的问题带来一种现实的解决方案。

可以看出，TRIZ 理论中的这些创造性思维方法一方面能够有效地打破我们的思维定式，扩展我们的创新思维能力，同时又提供了科学的问题分析方法，保证我们按照合理的途径寻求问题的创新性解决办法。

（材料来源：《TRIZ 及应用》一书）

项目二　构建创业团队

情境　了解创业者的素质要求

【阅读材料】

天堂与地狱

一位行善的基督徒，临终后想知道天堂与地狱究竟有何差异。于是天使就先带他到地狱去参观，到了地狱，在他面前出现一张很大的餐桌，桌上摆满了丰盛的佳肴。"地狱的生活看起来还不错嘛！""不用急，你再继续看下去。"过了一会儿，用餐的时间到了，只见一群骨瘦如柴的饿鬼鱼贯地入座。每个人手上拿着一双长十几尺的筷子。可是由于筷子实在是太长了，最后每个人都夹得到但吃不到。"你不觉得很悲惨吗？我再带你到天堂看看。"到了天堂，同样的情景，同样的满桌佳肴，每个人同样用一双长十几尺的筷子。不同的是，围着餐桌吃饭的可爱的人们，他们也用同样的筷子夹菜，不同的是，他们喂对面的人吃菜。而对方也喂他吃，因此，每个人都吃得很愉快。

（材料来源：互联网）

2.1　创业团队的内涵

【案例1】

蚂蚁军团

在非洲大草原上如果见到羚羊在奔跑，那一定是狮子来了；如果见到狮子在躲避，那就是象群发怒了；如果见到成百上千的狮子和大象集体逃命的壮观景象，那是什么来了呢？是蚂蚁军团来了！狮子和大象为什么会害怕蚂蚁军团呢？原来，在非洲土地上生活着一种蚂蚁，叫矛蚁（行军蚁），数量庞大，居无定所。当先头部队抓住比它们体积大上几千倍的猎物时，主力军会第一时间赶到，猎物随即被淹没在茫茫蚁海中，能活下来的机会是零，它们是非洲大地上一支恐怖的"军事力量"。"齐心协力，其利断金"正是蚂蚁军团制胜的法宝。

（材料来源：《大学生创新创业》一书）

2.1.1 创业团队与一般团队的区别

1. 团队和群体的区别

管理学家斯蒂芬·P·罗宾斯认为,"团队就是由两个或者两个以上的、互相作用、互相依赖的个体,为了特定目标而按照一定规则结合在一起的组织"。团队是群体的一种形态,但是不等同于群体,二者的根本差别在于,团队中成员的作用是互补的,而群体中成员的作用在很大程度上是可以互换的。团队中离开任何人都不能很好地运转,而在群体中离开谁都可以运转。具体表现在,团队的成员对是否完成团队目标一起承担成败责任并同时承担个人责任,而群体的成员则只承担个人成败责任;团队的绩效评估以团队整体表现为依据,而群体的绩效评估是以个人表现为依据;团队的目标实现需要成员间彼此协调且相互依存,而群体的目标实现却不需要成员间的互相依存性。此外,团队较之群体在信息共享、角色定位、参与决策等方面也更进一步。

团队是群体的特殊形态,是一种为了实现某一目标而由互相协调依赖并共同承担责任的个体所组成的正式群体。团队是由两个或者两个以上拥有不同技能、知识和经验、能力的人组成,具有特定的工作目标,成员之间可以相互愉快地工作在一起,互相依赖、技能互补、成果共享、责任共担,通过成员的共同协调、支援、合作和努力共同完成目标。真正的团队不是一群人聚在一起,其工作能力是总能超过同样的一组以非团队工作的个体集合。

2. 团队中的 9 种角色

在一个团队中,每位成员往往具有不同的优势和劣势,在团队中发挥的作用也不尽相同。一般而言,成员在团队中扮演的角色有 9 种定位,具体的特征如下:

(1) 栽培者

角色描述:解决难题,富有创造力和想象力,不墨守成规。

可允许的缺点:过度专注思想而忽略现实。

不可允许的缺点:当与别人合作会有更佳结果时,不愿与他人交流思想。

(2) 资源探索者

角色描述:外向、热情、健谈、发掘机会、增进联系。

可允许的缺点:热情很快冷却。

不可允许的缺点:不遵循安排,令顾客失望。

(3) 协调者

角色描述:成熟、自信、是称职的主事人、阐明目标、促进解决方案的制定、分工合理。

可允许的缺点:如果发现其他人可完成工作不愿意亲力亲为。

不可允许的缺点:完全信赖团队的努力。

(4) 塑型者

角色描述:善于激发人,充满活力,能够在压力下成长,有克服困难的动力和勇气。

可允许的缺点：易沮丧与动怒。

不可允许的缺点：无法以幽默或礼貌的方式平息局面。

（5）监控者

角色描述：冷静、有战略眼光与识别力，对选择进行比较并做出正确选择。

可允许的缺点：有理性的怀疑。

不可允许的缺点：失去理性，讽刺一切。

（6）团队工作者

角色描述：协作的、温和的、感觉敏锐的、老练的、建设性的，善于倾听，防止摩擦，平息争端。

可允许的缺点：面对重大事项优柔寡断。

不可允许的缺点：逃避承担责任。

（7）贯彻者

角色描述：纪律性强，值得信赖，有保守倾向，办事高效利索，把想法变为实际行动。

可允许的缺点：坚守教条，相信经验。

不可允许的缺点：阻止变化。

（8）完成者

角色描述：勤勤恳恳，尽职尽责，积极投入，找出差错与遗漏，准时完成任务。

可允许的缺点：完美主义。

不可允许的缺点：过于执着的行为。

（9）专家

角色描述：目标专一，自我鞭策，甘于奉献，提供专门的知识与经验。

可允许的缺点：为了学而学。

不可允许的缺点：忽略本领域以外的技能。

3. 创业团队和一般团队的区别

初创期的团队组建的目的在于成功地创办新企业。创业团队是个什么样的团队？它与一般团队有什么不同呢？

（1）团队组建的目的不同

一般团队组建的目的是解决某类或者某个具体问题，而创业团队组建的目的是开创企业或者拓展新事业。

（2）职位层级不同

一般情况下，创业团队的成员处在高层管理者的位置上，他们会对企业重大问题的决策产生影响，甚至会关系到企业的存亡；而一般的团队其成员并不都处于组织的高层位置，其决策影响力是有限的。

（3）团队的组织依据不同

一般团队组建的依据主要是基于解决待定问题而临时组建在一起，而创业团队是基于工作原因而经常性地共事。

(4) 团队的影响范围不同

一般团队只是影响局部性的、任务性的问题；而创业团队主要影响组织决策的各个层面，涉及范围较宽。

(5) 权益分享不同

创业团队的成员一般在企业中拥有股份，以便使团队成员具有更强烈的责任感来关注企业成长并积极参与决策；而一般团队并不必然拥有股份，团队整体相应的责任感和使命感不强烈。

(6) 关注视角不同

创业团队关注的多关乎企业发展的全局性、战略性的决策问题，是关注比较宏观的、带有战略发展意义的问题；而一般团队关注的则多是一些比较微观的、具体的战术性和执行性的问题。

(7) 领导方式不同

一般团队受公司最高层的直接领导和指挥；而创业团队以高管层的自主管理为主。

(8) 依赖程度不同

创业团队成员对企业有一种深厚的情感，其连续性承诺（由于员工对组织投入而产生的一种机会成本，足以让成员不离开组织的倾向）、情感性承诺（个体对组织的认同感）和规范性承诺（个人受社会规范影响而不离开组织的倾向）都比较高。一般团队中，成员对组织的连续性承诺、情感性承诺和规范性承诺并不高。

2.1.2 创业团队的特征

创业团队是一种特殊的群体，团队成员在创业初期把创建新企业作为他们共同努力的目标。他们在集体创新、分享认知、共担风险、协作进取的过程中，形成了特殊的感情，创造出高效的工作流程。高效的创业团队不是"1 + 1 = 2"，而是"1 + 1 > 2"。高效的创业团队具有以下几个体征：

(1) 目标明确

团队成员在创业初期就拥有着共同的目标，明确目标能为团队指引方向，提供推动力，能够激励团队成员把个人的目标升华到群体目标上，提高团队的绩效水平，并坚信这一目标包含着重大的意义和价值。同时将目标转化为具体目标，易于评价和衡量。

(2) 有效领导

一个团队有没有合格、有才能的领导者对于团队的高效工作至关重要。好的领导者能让团队的凝聚力聚合在一起，在遇到困难的时候共同承担，为团队指明前途所在。高效的团队领导者往往承担的是教练和后盾的角色，他们为团队提供支持、指导和鼓励，带领他们去实现组织和团队的目标和任务。

(3) 良好沟通

良好的沟通既是高效团队的外在表现，也是营造团队和谐人际关系的重要手段。充分的沟通，乃是团队成员协调一致的基础。团队成员只有在沟通后才能准确地了解彼此的想法，才能确保团队成员行为与团队步调一致。通过沟通，团队成员分享信息，团结一致，化解矛盾，最终达成共识，和谐相处，使团队更加有战斗力。

(4) 相互信任

团队成员间的相互信任是创业成功的关键因素，每个人对于团队中的其他人员的品行和能力都应该是确信不疑的，信任是团队和谐人际关系形成的重要特质。高效能创业团队成员只有具备批评和自我批评的宽厚态度，才能拥有彼此和谐共处、同舟共济的条件，才能让信息畅通，不出现人为梗阻，确保团队目标顺利实现。

(5) 承诺一致

高效能团队及成员对团队表现出高度忠诚和承诺，对团队目标具有奉献精神，愿意为实现这一目标而调动自己的最大潜能。有了共同的承诺，团队成员便有了共同的理念，共同的目标转化为共同的行为，使团队具有高度的凝聚力和亲和力。

(6) 制度完善

"没有规矩，不成方圆"，完善的规章制度能使团队工作有章可循，有章可依，能够使团队全体成员的行为保持一致，实行制度化管理上的飞跃。实践证明，这一飞跃能有效地解决组织内、组织间不必要的内耗和外耗，从而带来组织的蓬勃向上和高效运转。

2.2 组建创业团队

【案例2】

中国合伙人

电影《中国合伙人》由陈可辛导演，以新东方的成长故事改编而来，讲述了20世纪80年代到21世纪初，大时代下三个年轻人从学生时代相遇、相知，拥有相同的梦想，到在一起打拼事业，共同创办英语培训学校，最后功成名就实现梦想的励志故事。该影片成为2013年比较火的影片，剧中的三个创始人分别是新东方三个创始人的缩影，他们怀揣着共同的创业梦想，组成创业团队，在创业的过程中发生过分歧，共同承担过困难，最终成功创业。与其说是合伙人，不如说是一个有着共同目标的团队，他们给了现在创业的年轻人很好的鼓励和信心。

(材料来源：互联网)

组建适合的团队不是一件容易的事情，人才往往是"可遇而不求"的，也是最难获取的创业资源之一，我们需要什么样的创业伙伴，去哪里寻求合适的创业伙伴，需要创业者好好思索。

创业团队狭义上是指拥有着共同的目标、共享收益、共担风险的一群创业同仁。而广义上不仅包括狭义的创业团队，还包括创业过程中的部分利益相关者。创业团队是指由两个或者两个以上具有一定利益关系的，彼此间通过分享认知和合作行为以共同承担创建新企业责任，处在新创业企业高层主管位置的人来共同组建形成的有效工作群体。前面我们讲过了创业团队和一般群体的区别，创业团队对创业成功具有重要的价值，是高层管理团队的基础和最初的组织形式。而组建创业团队非常重要，大学生选择创业团队一般在同学中或者在朋友圈、朋友群里寻找伙伴，有些是不认识、不了解的人。创业团队中一般有"强关系和弱关系"，选择创业合伙人一般要选择具有弱关系的人，往往强关系的人具有太多的相似性而不是互补性。创业伙伴是人多好还是人少好，这些都要根据自己创办的企业性质而定。下面将介绍下创业团队的组建原则。

2.2.1 组建原则

【案例3】

众筹咖啡馆

2014年3月8日，在光谷步行街上，一群穿着红色长裙的女白领，为她们共同出资的咖啡馆"沿街吆喝"，引来路人驻足围观。49位白领美女的"美丽动人"当然值得一看，但更为重要的是她们每个人出资2万元，在短短的一周时间众筹了100万。这个项目的发起人也是一个白领，叫宋文艳，她通过朋友圈发起了这个众筹。在这些白领中有些人是因为拥有着创业梦想，有些人是为了拓宽自己的社交，有些人想拥有一个交流的平台，还有一些人想为创业积累一定的资源。总之，每个人的目标都不一样，在开业后没多久这个咖啡馆就夭折了。

（材料来源：互联网）

（1）目标一致

团队成员的个性、脾气、经历、认知、能力都不尽相同，但是为了达到创业的成功，无论什么样的团队成员都应具有共同的目标、共同的愿景，为了创业成功而努力。如果组织或者团队目标不能保持一致的话，那么，团队的成员需要调换或者重新选择，因为，这是创业成功与否的第一关，也是很重要的因素。

（2）人数合理

创业人数是多好还是少好，这要根据创业企业的需要而定，一般的创业团队的人数控制在3~5人为宜。成员太多，思想不统一，许多工作无法开展。合理的创业人数，便于领导与任务分工的有效开展，能够保证各项工作完成的速度和质量，提高团队的办事效率。

（3）志同道合

俗话说"道不同不相为谋"。志同道合，意味着志趣相投。相似的价值观、理想及信念让彼此信任和依赖，志同道合的人更容易"抱成团"。创业要面对很多不确定因素，风险大，是否具有共同的兴趣点，是否具有共同的创业梦想，对于提升和保持团队的凝聚力是非常重要的。相似的成长经历、成长环境以及教育背景，比较容易志同道合。创业成功，并不一定是因为团队成员有多优秀，而是因为团队成员之间的齐心协力；同样，团队的失败也并不一定是因为团队结构的缺陷，而是在于团队成员的内部争斗和关系涣散。

（4）优势互补

前面讲过团队和一般群体最大的区别在于团队成员之间是互补的而不是替代的。依托项目的特点来组建团队是我们应该考虑的重要因素。如果项目所蕴含的不确定因素较高，价值创造压力较大，往往意味着创业过程中面临的任务也就越为复杂，挑战性越强。那么，理性组建创业团队会更好地应对创业过程中的复杂任务，有利于成功创业。这种理性组建，主要强调团队成员间的技能互补、知识互补、能力互补、性格互补、观念互补，这种平衡和补充的作用可以保证新创企业健康有序地发展。

（5）兼顾权益

团队的成员不等同于兄弟，因为志同道合，在创业初期，企业发展还不明朗的情况下，创业者们更多考虑的不是企业的利益，而友谊、兄弟情是维系他们之间关系的主要纽带。这种关系看似牢固，但是却隐藏着很多的隐患。当企业发展步入正轨的时候，个人的利益观就凸显出来。合伙一方觉得自己付出和回报不成正比，产生情绪，影响企业的发展。因此，在初创期，企业就应该明确股权分配，避免在以后出现团队冲突。

在确定股权分配时，要遵循三个重要原则：第一，重视契约精神。在创业之初，就应把确定的股权分配方案以公司章程写入法律文件，以契约形式明确团队成员的利益和分配机制。第二，遵循贡献决定股权分配比例。团队的目标是把蛋糕做大，在实际操作中，往往依据出资额来确定股权，但以技术为出资方式的团队成员，需要谨慎考虑技术的商业价值，而在资金和技术之间做出合理的权衡。第三，控制权与决策权相统一的原则。在创业初期，更需要集权和统一指挥，控制权与决策权都很重要。

【案例3】

火锅店三剑客

有三个小伙伴，A 是个厨师，他有手艺，有祖传秘方的调料。B 熟悉各种工商流程，可以提供大量的创业资金，负责创业初期的开店和手续的办理。C 是个年轻的 IT 小伙，具有 IT 技术，可以做微信前台开发，有一个好的商业模式。他们准备组成一个团队，开一个火锅店。他们进行了股权的分配，技术占 25% 的权重，出资占 55% 的权重，商业模式和运营占 20% 的权重。然后，分别对 A、B、C 三人进行打分，范围为 0~5 分。见表 1-2。

表 2-1

项目	A	B	C
技术 25%	5	0	1
出资 55%	2	5	1
运营 20%	1	2	5
总股权	37.1%	39.4%	23.5%

通过打分，我们计算得到他们的股权是多少。这样的算法方便于合伙人更好地创建自己的团队，并提出以 3 个月和 6 个月为期限进行考核。三个小伙伴愉快地完成了自己的创业，多年后就出现了三剑客火锅店。

（材料来源：互联网）

2.2.2 组建流程

每个创业团队都有其特殊性，所以没有哪一个团队的模式是可以完全复制的。但是，如果我们按照一定的程序去组建团队，就会收到事半功倍的效果，提高团队组建效率、优化团队资源。

(1) 确定团队的具体工作

需要根据创业项目确定有哪些工作需要开展，要具体、明确。例如，你的创业项目是"互联网+北京特产销售"，那么，团队的具体工作一般要有产品采购、仓储管理、产品配送、图文信息处理、客户服务、企业记账等。

(2) 设计团队的工作岗位

要根据团队需要开展的具体工作设计出相应工作岗位，包括岗位需求、所需人数等。例如，产品采购的工作岗位就是采购员，专业性不会要求太高，注重细节的把握，如果货源较近，最好会驾驶汽车。初期工作量不大，人数一人即可。

(3) 分析现有成员特质

分析现有团队成员的专业特长、相关经验等，确定每一位成员的优缺点。

(4) 确定现有成员工作配置

根据每位成员的优势条件，通过协商的方式，确定每位成员的具体工作和主要的权利与职责。

(5) 设计企业结构图

根据企业团队的实际情况，设计企业结构图，在结构图中能够体现出所有岗位、人数要求、现有成员的工作配置情况、空缺岗位情况等。

(6) 招募空缺团队成员

通过合适的招募方式，采取科学的评价方法选择空缺团队成员。

2.2.3 创业团队招募

很多时候我们的创业伙伴都是我们认识的人，是经常活动在自己周边的朋友，但是也有很多的团队成员，他们之间是互相不认识的人。对于大学生创业来说，我们的创业团队成员该从哪里招募？

(1) 学校的社团组织

学校里有很多社团组织，那里有很多活跃的、有理想、有抱负、有特长、有技能的大学生，在那里你可以找到志同道合的朋友，也可以找到兴趣爱好相同的伙伴。社团中的学生一般来说，都是内心充满理想和追求，并且愿意付出更多努力来实现自己的目标。

(2) 公共的社交场所

社交场合对于大学生来说很多，比如，参加各种学术和技能比赛、文艺汇演、学术会议，还有其他一些公共活动。需要有意识地关注这些群体，并主动结交朋友。这些人一般都来自不同的院校，具有不同的文化特质。

(3) 众创空间

目前，在各大高校都踊跃出很多的众创空间，一个城市也会有几个不同规模的众创空间，而众创空间的伙伴更多的是怀揣着创业梦想或者具有技术能力，再或者具有创新思维的一群人，在这里寻求创业伙伴，可以在很大程度上解决很多创业初期的困难问题。

(4) 他人推荐

人才资源很多时候来自他人的推荐，这种推荐方式，已经对创业伙伴进行了初步的筛选，既节省了时间和精力，又节省了一定的资金成本。

(5) 公开招聘

我们可以通过一些互联网平台和微信朋友圈，发布一些招聘信息，去招聘我们需要的创业伙伴，对招聘的创业伙伴进行筛选，最终得到我们的创业成员。

【案例4】

得合伙人者得天下

腾讯的五虎将：腾讯的五位创始人在创业前最主要的关系是同学和同事。其中马化腾、张志东、许晨晔和陈一丹是从中学到大学的校友，前三位在深圳大学里甚至是一个系的，而曾李青则是马化腾姐姐的同事，也是许晨晔的同事。

携程四君子：携程创业的四君子中，除CEO梁建章是复旦大学毕业的，沈南鹏、范敏、季琦均是上海交大的校友。早在1982年中学生计算机竞赛上，沈南鹏和梁建章这两个数学"神童"同时获奖，从此产生交集。1999年春天的一天，梁建章和季琦、沈南鹏等上海交大校友聚会，几个年轻人对互联网话题热烈地讨论了一夜。最后的结论是，一起做一个向大众提供旅游服务的电子商务网站。

复旦五虎：复星集团的创始人是郭广昌、梁信军、汪群斌、范伟、谈剑几个复旦校友组成的"复旦五虎"。1992年复星集团创始资本仅3.8万元人民币，到了2012年，净资产已经超过516亿元。总结起来他们团队的特点：第一，互相信任；第二，志同道合，能力互补；第三，各尽其才，个人才能得到了最大的发挥。

"饿"出来的创业友：2008年的一个夜晚，正在上海交大读研的张旭豪和室友一边打游戏一边聊天，突然感到饿了，打电话到餐馆叫外卖，或者打不通，或者不送，创业就这样从不起眼的送外卖服务开始了。张旭豪和同学康嘉、王渊、曹文学一起，将交大附近的餐馆信息搜罗齐备，在交大校园内做起了送外卖的生意。2015年1月，饿了么完成E轮3.5亿美元融资。

（材料来源：互联网）

2.2.4 团队成员的评估

在任何情况下，选择适合的创业伙伴的过程，都应当开始于创业者所做的仔细的自我评估。这是因为，从现实的角度看，除非创业者知道他们已经拥有什么，否则，他们不可能知道他们需要从别人那里得到什么。为了选择与自己在知识、技能和特性方面具有互补性的合作者，创业者首先必须对自己的人力资本进行认真的自我评估。这是一件非常困难的事情，因为，人们通常意识不到自身的行为，而且在很多情况下，只能根据其他人对自己的反映来理解自己的特征。创业者的自我评估主要考虑以下五个方面：

（1）知识基础

创业者所接受的教育以及经验可以表明创业者知道什么和不知道什么，以及需要从其他人，包括潜在的合作者那里获得什么。他们必须具备一定的知识基础和教育基础，能够很好地配合。

（2）专门技能

每个人都有一系列独特的完成某些任务的能力，创业者应该去理解并列举自身技能，并将其作为创建新企业的初步步骤。

（3）动机

思考创业动机有利于评判创业者和那些潜在合作者之间的动机差异，防止未来发生隐患。

（4）承诺

承诺是指完成事情（即在逆境中也继续前进）以及实现与新企业相关的个人目标的意愿。

（5）个人特质

创业者要了解自身在责任感、外倾性、友好性、情绪稳定性、经历开放性这五大关键维度上处于什么位置。

2.3 创业团队的冲突管理

1. 认知冲突

冲突的发生是企业内部某些不协调的结果，表现为冲突行为主体之间的矛盾激化和行为对抗。有些学者把团队冲突分为两大类，即认知冲突和情感冲突。高效能的团队知道如何进行冲突管理，从而使冲突对组织绩效的改善产生积极贡献。

认知冲突是指团队成员对企业生产经营管理过程中出现的与问题相关的意见、观点和看法的不一致。通俗地讲，认知冲突是论事不论人。从本质上说，在高效能的团队，这种团队成员之间就生产经营管理过程的相关问题存在分歧是一种正常现象，而且一般情况下，这种认知冲突将有助于改善团队决策质量和提高组织绩效。

认知冲突是有益的。因为，它与影响团队有效性的基本活动相关，集中于经常被忽略的问题背后的假设。通过推动不同选择方案的坦率沟通和开放式的交流，认识冲突鼓励创造性的思维，促进创造性的方案。作为冲突管理的一种结果，认知冲突将有助于决策质量的提高。事实上，没有认知冲突，团队决策不过是一个团队里最善于自由表达的或者是最有影响力的个别成员的决策。

除了提高决策质量外，认知冲突能够促进决策本身在团队成员中的接受程度。通过鼓励开放和坦率的沟通，以及把团队成员不同技术和能力加以整合，认知冲突必定能推动对团队目标和决策方案的理解，增强对团队的责任感，从而也有助于执行团队所形成的创业决策方案。

2. 情感冲突

情感冲突是指团队成员个人情感之间发了矛盾，这种冲突是极其有害的，这种个人之间的仇恨感会极大地降低决策质量，并且影响成员在履行义务时的投入程度。与问题性导向的冲突不同，基于人格化、关系到个人导向的不一致性往往会破坏团队绩效。冲突理论研究者共同地把这类不一致性称为"情感冲突"，情感冲突是论人不论事。

由于情感冲突会在成员间挑起敌对、不信任、冷嘲热讽、冷漠等表现，所以，它会极大地降低团队的有效性。这时情感冲突会阻止人们参与到影响团队有效性的关键性活动中，团队成员普遍地不愿意就问题背后的假设进行讨论，从而降低了团队绩效。情感冲突引起的冷嘲热讽、不信任和回避，将会阻碍开放的沟通和联合。当它发生时，不只是方案质量在下降，包括团队本身的义务也在不断地受到侵蚀，因为，团队成员不再把他们与团队活动联系起来。

对团队的绩效来说，冲突可以是有益的也可以是有害的，主要取决于它是认知冲突还是情感冲突。认知冲突可以通过改善决策质量和提高成功决策的概率，进而提高团队绩效。然而，情感冲突降低了决策的质量，破坏了对成功决策的理解，甚至导致团队成员不愿意履行义务，进而导致团队绩效下降。

3. 所有权分配冲突

在创业初期一般所有权分配不是困扰团队发展的首要条件，因为，那时大家有着共同的愿景，可以共同努力来实现自己的理想，金钱、利润以及所有权都不是考虑的重点。但当企业发展到一定规模后，这个问题将突出表现出来。在所有权分配问题上，创业者要在公平和激励之间做出良好的权衡。一方面，所有权分配要在团队成员内部体现出公平性，符合贡献决定权利的标准，但同时又要让所有权分配对成员有一定的激励作用，让每个成员都能感到分配的股权比例超出了自己的预期。要做到这一点，并不是一件容易的事情。首先要挑战的就是创业者自己的心胸和气度，要懂得与帮助你创造价值和财富的人一起分享财富。一旦过了这一关，创业者就不会在持股百分比问题上斤斤计较了。毕竟，零的51%结果还是零，关键在于如何把蛋糕做大。

如果创业者太贪婪，过分强调控制权，把公司大部分所有权都揽在自己手里，而不是与其他人分享一块大蛋糕，那一切都将成为泡影。蒙牛的牛根生就深谙此道，在多个场合反复强调"财聚人散，财散人聚"的道理。因此，所有权分配的冲突是致命的，一旦出现问题，企业将发生严重的危机。

4. 创业团队创业精神延续

企业能长远发展的最重要的一个因素就是具有创新创业精神，根据团队成员对创业决策的行为方式和影响能力，创业团队的创新创业精神通常由四个基本维度构成。

（1）集体创新

创业团队的成员由一群互相依赖、密不可分、才能互补的志同道合的人组成，而具有创业精神的团队必须具备创新精神。要不断地进行创新和创造，这样企业才能长远地发展。这就必须要求团队组织之间具有更高的标准,一是要求创业团队内部能够正确对待个体成员之间所发生的冲突,二是要求团队内部个体成员与组织之间能够在相互信任关系的基础上形成有利于企业成长的心理契约关系。在此基础上,创业团队可以凝聚全体团队成员的力量,并通过这种团队成员对团队组织的向心力来推动创新方案的形成和创业决策方案的执行。

(2)分享认知

创业机会可以视为企业家精神的逻辑起点。这种创业机会可以理解为通过创业者对资源的创造性组合来满足市场需求。相比较个体创业来说,采取团队方式可以极大地提高对创业机会的认知水平。

(3)共担风险

作为一支富有企业家精神的创业团队,在共担风险维度上至少具备这样的特征:一是具有异质性的创业团队成员可能具有不同的风险偏好,创业团队既可能有极端的风险爱好者,也可能存在极端的风险厌恶者,更多的创业团队成员可能处在风险连续统一体中的某一点。二是利用团队成员的异质性,不同的团队成员可以从自身的知识视野认知、分析和评价风险,如果就不同的风险感知能够得到有效的整合,那么,对风险正确感知的可能性就会得到提高,进而可以做出更为有利可图的冒险行为。

(4)协作进取

"协作进取"的创业团队的创业精神维度体现在三个方面:一是团队成员在知识、能力、角色等方面的互补性。具有异质性特点的团队可能会形成仁者见仁、智者见智的观点分歧,但协作进取的愿望能够使大家通过有效的观点争辩来达成共识,最大限度地避免在不确定环境下的创业决策失误。二是团队内充满学习型氛围,个体成员之间愿意就创业决策过程的不同观点进行深度会谈,进而在团队功能最大化的过程中达到个体团队成员价值的实现。三是团队内具有创业型的组织文化,不会因为团队规模的扩大或者团队成员的进进出出而影响到团队协作进取的愿望和行为。

项目三　企业的法律形态与环境

情境一　了解企业法律形态

3.1　企业法律形态介绍

3.1.1　企业法律形态的内涵

企业的法律形态又称企业的组织形式,是指国家法律规定的企业经营的形态和方式,也就是企业在市场中的合法地位。

企业的法律形态主要涉及三个方面:

资金来源、即由谁投资的问题。(根本因素)

分配利润、承担风险。(本质内容)

运用资金、决策行为。(企业的组织关系)

我国企业的主要法律形态主要包括股份有限责任公司、有限责任公司、合伙企业、个人独资企业、国有独资企业、外资企业、中外合资企业、中外合作企业、乡镇企业、股份合作制企业,等等。其中适合小微型企业的有:个体工商户、个人独资企业、合伙企业、有限责任公司。

3.1.2　小微企业常见法律形态的特点

不同的企业形态各具特点,理解不同类型企业的特点,有助于选择适合自己创业企业的法律形态。不同的企业,其法律地位和投资人的风险责任范围也不同。通常在"业主数量和注册资本、成立条件、经营特征、利润分配和债务责任"四个方面存在不同。表3-1~表3-4只介绍适合小微企业的几种企业法律形态的特点,其他企业法律形态及其特点,请读者自己通过其他渠道参阅我国现行法律法规的相关要求。

表 3-1 个体工商户（非法人企业）

业主数量和注册资本	成立条件	经营特征	利润分配和债务责任
业主是一个人或家庭，无资本数量限制	要有相应的经营资金； 要有经营场所； 要起字号	资产属于私人所有，所有业主既是所有者，又是劳动者和管理者	利润归个人或家庭所有； 由个人经营的，以其个人资产对企业债务承担无限责任； 由家庭经营的，以家庭财产承担无限责任

个体工商户申请开店的基本条件：

城镇待业人员；

农民；

辞职、退职人员；

离休、退休人员；

留职、停薪人员；

企事业单位富余人员；

机构改革分流人员；

其他无固定职业人员。

不能从事个体经营人员：

党政机关、企事业单位在职干部、职工；

未满16周岁的少年和在校学生；

被法院判处有期徒刑监外执行或保外就医期间内的犯罪分子；

传染病、精神病患者；

无经营能力的人；

国家规定不允许从事个体经营的其他人员。

符合规定者，可到所在地工商行政管理机关按其规定申请营业执照。领取营业执照后，可凭它开立银行账户，申请贷款。

表 3-2 个人独资企业（非法人企业）

业主数量和注册资本	成立条件	经营特征	利润分配和债务责任
业主是一个人； 无资本数量限制	投资是一个自然人； 有合法的企业名称； 有申报的出资； 有必要从业人员； 有固定的生产经营场所	财产为投资人个人所有； 业主既是投资者，又是经营管理者	利润归个人所有； 投资人以其个人资产对企业债务承担无限责任

表3-3 合伙企业（非法人企业）

业主数量和注册资本	成立条件	经营特征	利润分配和债务责任
业主两个人以上； 无资本数量限制	有两个以上的合伙人，并且都依法承担无限责任； 有书面合伙协议和实际出资； 有合伙企业的名称； 有经营场所	依照合伙协议，共同出资，合伙经营，共享收益，共担风险	按照合伙协议分配利润，并共同对企业债务承担无限连带责任

表3-4 有限责任公司（法人企业）

业主数量和注册资本	成立条件	经营特征	利润分配和债务责任
由50个以下的股东共同出资设立。 以经营或商品批发为主的50万元；以商业零售为主的30万元；科技开发、咨询、服务性公司为10万元；以1人注册的为3万元	股东符合法定人数； 股东出资达到法定资本最低限额； 股东共同制定公司章程； 有公司的名称并建立相应的组织机构； 有固定的生产经营场所和必要的生产经营条件	设立股东会、董事会和监事会； 由董事会聘请职业经理管理公司经营业务	股东按出资比例分配利润； 以出资额为限承担有限责任

总之，在了解小微企业常见的法律形态的特点时，应区别企业字号与企业名称、自然人和法人、无限责任和有限责任的不同内涵，在细节上把握不同企业法律形态的特点。

3.1.3 选择适合的企业法律形态

为保证未来创业的成功，保证企业稳定有序的经营活动，在明确企业形态的特点后，一定要选择适合自己创业项目的企业法律形态，这时还需要考虑以下几个主要因素：

企业的规模；

行业类型和发展前景；

业主或投资者的数量；

创业资金的多少；

创业者的理念（倾向个人决策还是协商合作）；

启动资金的多少；

有无政策优势；

企业的权利和义务。

为了选择合适的企业法律形态，除了依靠自己的经验，还可以借助很多资源，例如，向我国专门扶持小微企业的政府机构咨询,以及向各类帮助失业人员创业的社会保障部门和就业服务部门寻求帮助。

总之,不同的企业的法律形态各有利弊,在选择时,要考虑自己的实际情况。由于企业法律形态不同,企业的法律地位和投资人的风险责任范围也不同,选择时要谨慎考虑企业规模、业务特点以及创业者的价值观念。

【案例1】

创业的法律环境

李想,是某市一家陶器厂的技工,手艺水平很高。近来,厂里经常停产,致使收入急剧下降。妻子赵玲,过去在某商场当售货员,后因单位效益不好,一直赋闲在家。李想有个15岁的女儿在上高中。由于双方都到了事业的瓶颈期,因此,夫妻俩为今后的生活和孩子的学业担忧。于是,他们想积极探索一条新路子,闯出一番天地,打算在家开个手工作坊,制作类似的手工艺品,因为他们开办企业的构思是以家庭经营为基础,所以决定选择个体工商户这种法律形态。夫妻俩做这个决定出于以下几个方面的考虑:

第一,法律对个体工商户没有最低资金额的限制,注册手续比较简单,启动资金只需要几千元。而建立一家生产性的有限责任公司,注册资本则至少需要30万元人民币,注册费用也高,他们不可能铺这么大的摊子。

第二,从风险角度看,他们的资金、经验、技能、知识和精力足以开好一个家庭规模的小企业。他们做事谨慎,想一步一步地摸索。如果一开始还没把握就拉别的合伙人或股东的资金进来,会带来过重的心理负担。

第三,从决策角度看,开办企业千头万绪,必须有人说了算。夫妻俩自己好商量,决策快。如果有几个合伙人或股东搞在一起商量,人多嘴杂,不仅麻烦还容易得罪人。

第四,从纳税角度看,个体工商户的经营利润也就是业主的收入,企业不交所得税,由业主交个人所得税,另外,增值税税率较低,只有6%。

第五,他们相信,有两到三年的时间,他们就能积累足够的资金和管理经验来扩大企业。到那时可以雇能人参与管理或者拉能人入伙,但也还是以他们自己为主。三年后女儿18岁,万一她考不上大学,就可以帮他们管理部分工作。

(材料来源:互联网)

情境二 了解企业法律环境

3.2 企业的法律环境

3.2.1 企业的相关法律

国家的法律法规是公民和企业都要遵守的强制性准则,因此,作为想创办企业的小企业主,要自觉"学法、知法、懂法、用法",既要履行法律规定的各项义务,又要善于用法律的武器保护自己。当然作为创业者不必了解所有的法律内容,只需要知道哪些法律和哪些关键内容与新办企业有关即可。与新办企业直接有关的基本法律有:《企业法》《民法通则》《合同法》《劳动法》《劳动合同法》,见表3-5。

表3-5

法律名称	相关基本内容
企业法	公司法、个人独资企业法、合伙企业法、个体工商户管理条例、中外合资合作企业法、乡镇企业法等
民法通则	个体工商户、农村承包经营户、个人合伙企业、企业法人、联营、代理、财产所有权、财产权、债权、知识产权、民事责任等
合同法	一般合同的订立、效力、履行、变更和转让、权利义务终止、违约责任等。具体合同如:买卖、借款、租赁、运输、技术、建设工程、委托等
劳动法	促进就业、劳动合同和集体合同、工作时间和休息休假、工资、职业安全卫生、女职工和未成年职工特殊保护、职业培训、社会保险和福利、劳动争议、监督检查等
劳动合同法	劳动合同的订立、履行和变更、解除和终止、特殊规定、监督检查、法律责任等

此外,与企业相关的其他法律还有:《会计法》《税收征收管理法》《产品质量法》《消费者权益保护法》《反不正当竞争法》《保险法》《食品安全法》《环境保护法》等。

3.2.2 企业的法律责任

创业者学法用法的目的是要知道,法律不仅对企业有约束的一面,同时也给企业以法律保护,国家为了使所有的公民和企业能在公平和谐的环境中竞争和发展,进而制定了各类法律法规,依法办事就是公民和企业的责任。同时,遵纪守法的企业往往能够赢得好的声誉,获得客户和顾客的青睐,甚至赢得竞争对手的尊重。

1. 工商行政登记

办新企业,首先要有一个明确的法律地位,一个参与市场竞争的合法身份。根据我国法律规定,新办企业必须经工商行政管理部门核准登记,发给营业执照。

营业执照是企业主依照法定程序申请的、规定企业经营范围等内容的书面凭证,企业具备了营业执照,才算是有了正式的市场地位,才可以顺利开展经营活动。

小微企业办理营业执照的步骤如下:

①到市工商局(或当地区、县工商局)企业登记窗口咨询,领取企业名称预先核准申请书,名称可以准备至少5个,以备工商登记机关核查,递交材料后等待领取企业名称预先核准通知书注册登记相关表格、资料。

②办理名称预先核准,取得名称预先核准通知书。

③办理准予设立登记:递交申请资料(资料包括:申请人签署的个体开业登记申请表、从业人员证明、经营场所证明、家庭成员关系证明、从业人员照片一张)、资料齐全、符合法定形式的等候领取准予设立登记通知书。

④领取准予设立登记通知书和营业执照。

⑤领取执照后,需刻制公章、财务章和私人章。

2. 依法纳税

依法纳税是每个公民和企业的义务,税收是政府凭借政治权力,从社会经济活动中无偿地征收财富,取得财政收入的一种方式。税收具有强制性、无偿性、固定性的特征,根据我国税法相关规定,与企业相关的税种主要有:流转税(增值税、营业税、消费税)、所得税(企业所得税、个人所得税)、城市建设维护税、教育费附加。

社会经济活动的主要环节包括:生产、分配、交换、消费,国家对生产流通环节征收的税种统称流转税,它是以企业的销售收入为征收对象。例如,增值税;对分配环节征收的税种统称所得税,它是以企业的生产经营所得和个人收入为征收对象,例如,企业所得税和个人所得税。此外,还有以流转税为基础征收的附加税费,例如,城市建设维护税以及教育费附加。

(1)增值税

增值税是以商品生产和流通中各个环节的新增价值额或商品附加值额为征税对象的一种流转税,见图3-1。增值税的纳税人可以分为一般纳税人和小规模纳税人,一般纳税人的税率有17%、13%、11%、6%和零税率5种;适用于小规模纳税人的税率按简易方法,统一按3%征收。税目计税公式为(具体请参考《中华人民共和国增值税暂行条例》):

$$应纳税额 = 销售额 \times 征收率$$
$$销售额 = 含税销售额 \div (1 + 征收率)$$

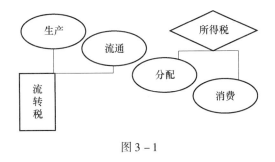

图3-1

【扩充知识1】

创业企业的纳税知识

知识一:

纳税人在2009年销售自己使用过的2008年12月31日以前购进或者自制的固定资产和

旧货,根据文件的规定,自2009年1月1日起,按以下处理:

(一)一般纳税人销售自己使用过的固定资产(已使用过的固定资产,是指纳税人根据财务会计制度已经计提折旧的固定资产),适用按简易办法依4%征收率减半征收增值税政策,只开具普通发票,不得开具增值税专用发票。并按下列公式确定销售额和应纳税额:销售额=含税销售额/(1+4%),应纳税额=销售额×4%/2。

(二)小规模纳税人销售自己使用过的固定资产,只开具普通发票,不得由税务机关代开增值税专用发票。按下列公式确定销售额和应纳税额:销售额=含税销售额/(1+3%),应纳税额=销售额×2%。

小规模纳税人销售自己使用过的固定资产和旧货,其不含税销售额填写在《增值税纳税申报表(适用于小规模纳税人)》第4栏,使用税控器具开具普通发票的按不含税销售额填写在第5栏。

(三)纳税人销售旧货(旧货,指进入二次流通的具有部分使用价值的货物,含旧汽车、旧摩托车和旧游艇,但不包括自己使用过的物品)按照4%征收率减半征收,只开具普通发票,不得自行开具或者由税务机关代开增值税专用发票。计算公式同上。(摘自《中华人民共和国增值税暂行条例》)

知识二:

增值税税率:

(一)纳税人销售或者进口货物,除本条第(二)项、第(三)项规定外,税率为17%。

(二)纳税人销售或者进口下列货物,税率为13%:

1. 粮食、食用植物油。
2. 自来水、暖气、冷气、热水、煤气、石油液化气、天然气、沼气、居民用煤炭制品。
3. 图书、报纸、杂志。
4. 饲料、化肥、农药、农机、农膜。
5. 国务院规定的其他货物。

(三)纳税人出口货物,税率为零;但是,国务院另有规定的除外。

(四)纳税人提供加工、修理修配劳务(以下称应税劳务),税率为17%。(摘自《中华人民共和国增值税暂行条例》第二条)

知识三:

下列项目免征增值税:

(一)农业生产者销售的自产农产品。

(二)避孕药品和用具。

(三)古旧图书。

(四)直接用于科学研究、科学试验和教学的进口仪器、设备。

(五)外国政府、国际组织无偿援助的进口物资和设备。

(六)由残疾人的组织直接进口供残疾人专用的物品。

(七)销售的自己使用过的物品。

除前款规定外,增值税的免税、减税项目由国务院规定。任何地区、部门均不得规定免税、减税项目。

(材料来源:《中华人民共和国增值税暂行条例》第十五条)

知识四:

(一)企业所得税

企业所得税以纳税人企业取得生产、经营所得和其他所得为征收对象。个体工商户、个人独资企业不缴。原则是有收益才缴纳,亏损或者无赢利不缴。法定税率为25%,优惠税率分别为小型微利企业税率为20%,国家重点扶持的高新技术企业为15%。

(二)个人所得税法

个人所得税是对个人所得征收的一种税,征收对象是纳税人的各项所得,主要包括:个体工商户的生产、经营所得,对企事业单位的承包经营、承租经营所得,劳务报酬所得,工资收入所得。税率:个体工商户的生产、经营所得和承包经营所得,适用五级超额累进税率,按年计算,分月预缴,税率为5%~35%。

(三)城市维护建设税

城市维护建设税以纳税人实际缴纳的流转税(三税)为计税依据。税率分别为:纳税人在市区的7%;纳税人在县、乡镇的5%;纳税人在偏远地区的1%。计税公式为:

城市维护建设税 = 实际缴纳流转税数额 × 城建税率

(四)教育费附加

教育费附加以纳税人实际缴纳的流转税(三税)为计税依据。税率为:3%。

【案例2】

增值税案例

四通公司为增值税一般纳税人,本期发生如下销售业务:

1. 销售A产品一批,开具的增值税专用发票上注明价款42 000元,增值税率为17%。
2. 销售B产品一批,开具的普通发票上注明金额35 100元。
3. 销售C产品一批,开具的增值税专用发票上注明价款70 000元,增值税率为17%。

要求:计算本月的增值税税额。

答案及解析:根据我国税法规定:销项税额为纳税人销售货物或者应税劳务时,按照销售额和规定的税率计算并向购买方价外收取的增值税额。销项税额的计算公式为:

销项税额 = 销售额 × 增值税税率

一般纳税人销售货物或者应税劳务采用销售额和销项税额合并定价的,按下列公式计算销售额:

销售额 = 含税销售额 ÷ (1 + 增值税税率)

因此,四通公司本月销项税额计算结果如下:

增值税税额 = 42 000 × 17% + 35 100 ÷ (1 + 17%) × 17% + 70 000 × 17%

= 7 140 + 5 100 + 11 900

= 24 140（元）

（材料来源：互联网）

3. 尊重职工的权益

企业竞争力的一个关键因素是员工的素质和积极性。尊重职工的权益是企业（也是企业主）对员工的法定责任。新办企业应特别重视以下四个方面的问题：

（1）依法订立劳动合同

劳动合同是劳动者与企业签订的确立劳动关系、明确双方权利和义务的协议。订立劳动合同对双方都产生约束，不仅保护劳动者的利益，也保护企业的利益，它是解决劳动争议的法律依据。

劳动合同的基本内容有：工作职责、定额、违约责任，工作时间和地点，报酬（工资种类、基本工资、奖金、加班、特种工作补贴），休息时间（周假、节假日、年假、病假、事假、产假、婚丧假等），社会保险、福利，合同的生效、变更、解除、离职、开除，试用期，保密事宜。

一般各地都有统一的劳动合同文本，相关信息可以从当地劳动部门获得。

（2）劳动保护和条件

创业初期对企业而言是比较艰难的时期，但是对员工的各种安全保护还是应该尽量做到位，尽可能创造好的劳动条件，防止职业病的发生，做好特殊产品和原料的储存和使用工作，以保证员工的生命安全，免除他们的后顾之忧，继而提高他们生产的积极性。

（3）劳动报酬

劳动报酬是员工的劳动所得，是对他们在企业所做贡献的回报，必须按时以货币形式发放给劳动者本人，而且要符合我国有关最低工资标准。同时，还要考虑好加班、法定假日工作的价值补偿都要依法依规进行，例如，日常加班工资不低于基本工资的150%，法定节假日工资不低于基本工资的300%。

（4）社会保险

按照国家法律要求，必须按时足额缴纳社会保险金，由国家、企业、职工三方筹资，在员工因年老、工伤、生育、残疾、死亡等原因暂时或永久丧失劳动力时，给予劳动者本人或亲属的物质帮助的社会保障机制，是社会的稳压器。我国的社会保险主要有：养老保险、医疗保险、失业保险、工伤保险和生育保险。前三项由用人单位和个人依法缴纳（强制缴纳的比例见表3-6），后两项由单位缴纳。

表3-6 养老保险、医疗保险、失业保险强制缴纳的比例　　　　　　　　　　%

险种	企业	个人
养老保险	20	8
医疗保险	9	2
失业保险	2	1

需要注意的是：一个企业如果不能为员工提供起码的社会保障，将很难吸引和留住管理和技术人才，绝不能嫌麻烦或为了眼前的小利而设法逃避。

3.2.3 选择合适的商业保险

商业保险是保险公司通过与企业或个人订立保险合同，以赢利为目的的转嫁企业或个人风险的保险形式。商海沉浮，企业经营总有风险，要降低因风险带来的损失，就需要有相应的保护措施，购买商业保险就是为企业经营找到经济保障。商业保险通常包括：

财产保险——机器、库存货物、车辆、厂房防盗、水险、火险、商品运输险、意外伤害险、农业险、工程险，等等。

人身保险——社会保险范围以外的医疗保险、人身事故保险、人寿保险，等等。

购买商业保险时，有些保险公司也设法出售它们的一揽子保险。最明智的办法是比较核实各种渠道的信息，为你的新企业购买最适当的保险。

总之，作为创业者以及未来的企业主，你的企业要承担相应的法律责任，要了解工商登记、税收问题在不同地区有不同的实施政策，同时，还要考虑把保险作为降低企业经营风险的有效手段。

【扩充知识 2】

编号：

全 日 制 劳 动 合 同 书（示例）

（江苏省劳动和社会保障厅制）

甲方（用人单位）	乙方（劳动者）
用人单位名称	姓名
用人单位住所	性别
工商登记	出生年月
注册类型	文化程度
劳动合同履行地	户籍所在地址
法定代表人或负责人	现居住地址
	居民身份证号码
	社会（养老）保险号码
	就业登记证号码
	联系方式

甲、乙双方根据《中华人民共和国劳动法》《江苏省劳动合同条例》及有关法律、法规

规定，在平等自愿、公平公正、协商一致、诚实信用的基础上，签订本合同。

一、劳动合同期限

甲乙双方约定按下列____种方式确定"劳动合同期限"：

A. 有固定期限的劳动合同自____年____月____日起至____年____月____日止，其中试用期自____年____月____日起至____年____月____日止。

B. 无固定期限的劳动合同自____年____月____日起，其中试用期自____年____月____日起至____年____月____日止。

C. 以完成工作任务为劳动合同期限，自____年____月____日起至完成本项工作任务之日即为劳动合同终止日。

二、工作内容及要求

（一）乙方根据甲方要求，经过协商，从事工作。甲方可根据工作需要和对乙方业绩的考核结果，按照合理诚信原则，变动乙方的工作岗位，乙方服从甲方的安排。

（二）甲方安排乙方所从事的工作内容及要求，应当符合甲方依法制定的并已公示的规章制度。乙方应当按照甲方安排的工作内容及要求履行劳动义务，按时完成规定的工作数量，达到规定的质量要求。

三、工作时间和休息休假

（一）甲乙双方在工作时间和休息方面协商一致选择确定条款，平均每周工作40小时：

A. 甲方实行每天____小时工作制。

具体作息时间，甲方安排如下：

每周周____至周____工作，上午____，下午____。

每周周____为休息日。

B. 甲方实行三班制，安排乙方实行____班运转工作制。

C. 甲方安排乙方的____工作岗位，属于不定时工作制，双方依法执行不定时工作制规定。

D. 甲方安排乙方的工作岗位，属于综合计算工时制，双方依法执行综合计算工时工作制规定。

（二）甲方严格遵守法定的工作时间，控制加班加点，保证乙方的休息与身心健康，甲方因工作需要必须安排乙方加班加点的，应与工会和乙方协商同意，依法给予乙方补休或支付加班加点工资。

（三）甲方为乙方安排带薪年休假。

四、劳动保护和劳动条件

（一）甲方对可能产生职业病危害的岗位，应当向乙方履行如实告知的义务，并对乙方进行劳动安全卫生教育，防止劳动过程中的事故，减少职业危害。

（二）甲方必须为乙方提供符合国家规定的劳动安全卫生条件和必要的劳动防护用品，安排乙方从事有职业危害作业的，应定期为乙方进行健康检查。

（三）乙方在劳动过程中必须严格遵守安全操作规程。乙方对甲方管理人员违章指挥、强令冒险作业,有权拒绝执行。

(四) 甲方按照国家关于女职工、未成年工的特殊保护规定,对乙方提供保护。

(五) 乙方患病或非因工负伤的,甲方应当执行国家关于医疗期的规定。

五、劳动报酬

甲方应当每月至少一次以货币形式支付乙方工资,不得克扣或者无故拖欠乙方的工资。乙方在法定工作时间内提供了正常劳动,甲方向乙方支付的工资不得低于当地最低工资标准。

(一) 甲方承诺每月____日为发薪日。

(二) 乙方在试用期内的工资为每月____元。

(三) 经甲乙双方协商一致,对乙方的工资报酬选择确定条款:

A. 乙方的工资报酬按照甲方依法制定的规章制度中的内部工资分配办法确定,根据乙方的工作岗位而确定其每月工资为____元。

B. 甲方对乙方实行基本工资和绩效工资相结合的内部工资分配办法,乙方的基本工资确定为每月____元,以后根据内部工资分配办法调整其工资;绩效工资根据乙方的工作业绩、劳动成果和实际贡献按照内部分配办法考核确定。

C. 甲方实行计件工资制,确定乙方的劳动定额应当是本单位同岗位百分之九十以上劳动者在法定工作时间内能够完成的,乙方在法定工作时间内按质完成甲方定额,甲方应当按时足额支付乙方的工资报酬。

(四) 甲方根据企业经营效益、当地政府公布的工资指导线、工资指导价位等,合理提高乙方工资。乙方的工资增长办法按照工资集体协商协议、内部工资正常增长办法确定。

(五) 乙方加班加点的工资,以双方经过协商确定的工资为基数计算。

(六) 乙方事假期间,甲方扣除工资的标准为_____。

(七) 乙方依法享有带薪假期(婚假、丧假、年休假、探亲假)期间的工资,按乙方的工资标准支付。

六、社会保险和福利

(一) 双方依法参加社会保险,按时缴纳各项社会保险费,其中依法应由乙方缴纳的部分,由甲方从乙方工资报酬中代扣代缴。

(二) 甲方应当将为乙方缴纳各项社会保险费的情况公示,乙方有权向甲方查询其各项社会保险的缴费情况,甲方应当提供帮助。

(三) 如乙方发生工伤事故,甲方应负责及时救治,并在规定时间内,向劳动保障行政部门提出工伤认定申请,为乙方依法办理劳动能力鉴定,并为享受工伤医疗待遇履行必要的义务。

(四) 乙方依法享有国家规定的福利待遇,甲方应当执行。

七、劳动纪律

甲方制定的劳动纪律应当符合法律、法规、政策的规定,履行民主程序,并向乙方公示。乙方遵照执行。

八、协商条款

经甲乙双方协商一致，同意选择条约定条款。

A. 乙方工作涉及甲方商业秘密的，甲方应当事前与乙方依法协商约定保守商业秘密或竞业限制的事项，并签订保守商业秘密协议或竞业限制协议。

B. 由甲方出资招用或培训乙方，并要求乙方履行服务期的，应当事前征得乙方同意，并签订协议，明确双方权利义务。

C. 甲方出资为乙方提供其他特殊待遇，如住房、汽车等，并要求乙方履行服务期的，应当事前征得乙方同意，并签订协议，明确双方权利义务。

D. 甲方同意为乙方办理补充养老保险（年金）和补充医疗保险情况，具体标准为：_____。

F. 甲方同意为乙方提供如下福利待遇：_____。

G. 甲乙双方需要约定的其他事项：_____。

九、劳动合同终止的条件

经甲乙双方协商约定，出现下列情形之一的，可以终止劳动合同：

1. 劳动合同期满的。
2. 在工作中有重大失误的。
3. 其他：_____。

十、违反劳动合同的责任

（一）劳动合同一经订立，即具有法律约束力，双方应当依法执行劳动合同的履行、变更、中止、解除、终止、续订以及解除劳动合同经济补偿金的规定。

（二）当事人一方故意或者过失违反劳动合同，致使劳动合同不能履行或者不能完全履行，并给另一方造成经济损失的，应当依规定或者约定承担赔偿责任。

十一、劳动争议处理

（一）甲乙双方因履行本合同发生劳动争议，可以协商解决。不愿协商或者协商不成的，可以向本单位劳动争议调解委员会申请调解；调解不成的，可以向劳动争议仲裁委员会申请仲裁。甲乙双方也可以直接向劳动争议仲裁委员会申请仲裁。提出仲裁要求的一方应当自劳动争议发生之日起60日内向劳动争议仲裁委员会提出书面申请。对仲裁裁决不服的，可以自收到仲裁裁决书之日起15日内向人民法院提起诉讼。

（二）甲方违反劳动法律、法规和规章，损害乙方合法权益的，乙方有权向劳动保障行政部门和有关部门举报。

十二、其他

（一）劳动合同期内，乙方户籍所在地址、现居住地址、联系方式等发生变化，应当及时告知甲方，以便于联系。

（二）本合同未尽事宜，均按国家有关规定执行，国家没有规定的，通过双方平等协商解决。

（三）本合同不得涂改。

（四）本合同如需同时用中文、外文书写，内容不一致的，以中文文本为准。

（五）本合同一式两份，甲乙双方各执一份。

法定代表人签名：　　　　　　　　　　乙方签名：
或委托代理人签名：　　　　　　　　　签名日期：
甲方盖章：
签章日期：

项目四　评估创业市场

情境一　了解顾客

通过前几步的学习和培训,我们已经具备了确切的创业的构思。现在,我们将要学习市场营销的知识,衡量未来将要创办企业的产品或提供的服务有没有市场,能不能适应社会的需要。没有顾客,你的企业就会倒闭。如果你解决了顾客的问题,满足了他们的需要,你的企业就有可能成功。因此,我们需要制订科学的市场营销计划。市场营销计划是企业发展的指路明灯,能够为企业各部门开展工作指明方向。它会告诉你:谁是你的顾客?顾客的需求是什么?你应该怎么满足他们的需求并从中赚取利润?

在这个情境中,我们将学习怎样识别潜在的顾客,了解他们购买你企业产品或服务的原因,你和你的竞争对手相比优势在哪里,这些信息都将是你制订市场营销计划的重要依据,而且,企业的市场营销计划也是创业计划的重要支撑,所以,能否制订科学合理的市场营销计划直接决定企业是否能够正常运行。

首先,我们需要了解什么是市场营销。市场营销是指企业围绕满足顾客需求,获取最大利润而开展的整体经营活动。市场营销指明企业的发展方向,是企业各部门工作的核心和龙头。营销与销售的区别见表4-1,产品营销方略的制定过程如图4-1所示。

表4-1　营销与销售的区别

销　售	营　销
依赖经验	依赖于市场调研
了解不同个性的买主	从目标市场入手进行市场细分
时间用于面对面的促销上	时间用于计划工作上
从短期考虑	从长期考虑
目的在于促进销售	目的在于获得市场份额并赚取利润

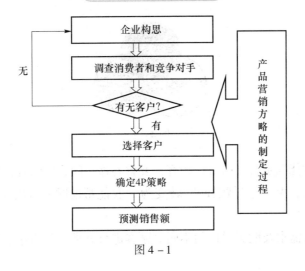

图 4-1

4.1 了解顾客

4.1.1 了解顾客的意义

顾客购买产品和服务的目的是满足不同的需求,从政治经济学的角度而言,就是为了实现商品的使用价值和自然属性。

通过了解顾客的意义,在创业的过程中要时刻记住:没有顾客,你的企业肯定会失败。所以,企业的创办要时刻考虑消费者的需求,如他们购买书籍,是为了增长知识;他们购买各式各样的衣服,是为了让自己穿戴更美丽;他们购买汽车,是为了出行更方便,等等。顾客是企业生存的根本,如果你不能满足他们的需要,或者你提供的产品或服务在价格或质量上与你的竞争对手存在差距,那顾客就会选择别的产品或服务,反之,则能成为你的回头客或者老客户,同时,可能还会帮你义务宣传你的企业。总之,解决顾客的问题,满足他们的需要,他们就会带给你更多利润,你的企业就会成功。这是企业经营最根本的出发点。

4.1.2 确定目标顾客

顾客对企业非常重要,但是,不是所有顾客都是企业所需要的。对企业而言,要想顺利发展必须准确地定位企业的目标顾客。目标顾客是指企业生产的产品或提供的服务所针对的对象,是产品或服务的直接购买者或使用者。目标顾客由三个要素构成:人、需求和购买力。要明确目标顾客,就需要弄清楚三者之间的关系。

三要素的关系相互依存、相互作用,如图4-2所示,具体为:人口多但收入低,购买力差,则不能构成容量很大的市场;人口少,购买力虽然高,也不能成为很大的市场;只有人口多、顾客购买欲望强而购买力又高,才能成为一个有潜力的市场;如果产品不适合市场需求,不能引起人们的购买欲望,购买力再高也仍然不能成为现实的市场。

面对众多的顾客,企业经营者需要清楚未来哪些顾客会购买自己的产品或服务,他们的消费水准有多高,他们有什么共同之处,针对他们的需求需要开展怎么样的营销活动。这些

图 4-2

问题都是关于怎么才能确定自己的目标顾客,要解答这一问题应结合目标顾客三要素,需要经营者转变经营思路,由"怎样赚钱?"转变为"我能帮助顾客解决什么问题?"而且至少完成两个步骤:

第一,根据顾客需求及购买习惯的不同对顾客进行分类,并描述清楚每个顾客的特点和范围。

第二,选择一个或多个顾客群体作为你要了解或者选择进入的目标市场。

根据马斯洛需求理论,识别目标顾客,做好营销计划,如图 4-3 所示。

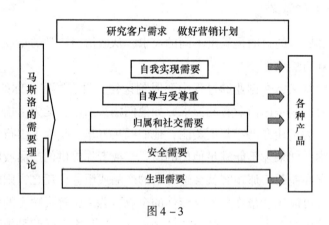

图 4-3

识别顾客(根据需求理论和顾客消费水平对顾客分类),如图 4-4 所示。

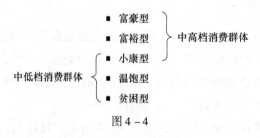

图 4-4

【案例1】

独具匠心抢市场

某地有一家饭店,地理位置偏僻远离市区,但饭店经营者以顾客为导向,变不利为有利，打出以下几个特色：

特色一：饭店与附近的农场合作，开辟近万亩无公害菜地，从而保证向宾客提供的食品全部是无污染的食品，这样，极大地吸引了国内外顾客。

特色二：他们利用饭店地处郊区的优势，在饭店附近开辟了果园、鱼塘，这样，宾客如有兴致，便可采摘自己喜爱的瓜果品尝，也可以自由垂钓，享受田园风光。

特色三：打破一般宴席的戒律，不拘一格地把一些从不登大雅之堂的乡村食品，如烤红薯、煮玉米等搬上餐桌，使饭店具有浓郁的乡土气息。

三种特色的推出，深受宾客的欢迎，该饭店的就餐率显著提高。

（材料来源：互联网）

4.1.3 了解顾客的相关信息

要了解顾客的相关信息，最有效的方式是去做顾客方面的市场调查，这对你完成任何创业计划都是很重要的。

市场调查是市场营销中极重要的一项工作，通过市场调查获得必要的信息是做好市场营销工作的前提。了解顾客的相关信息，要做好两方面的工作：一是了解你的顾客；二是了解你的产品和服务。

你的顾客——谁将买你的产品或服务？顾客愿意为每种产品或服务付多少钱？你要满足的特定顾客需求是什么？顾客有多少？服务人群的性别、年龄？有无潜在顾客，会增加吗，能保持稳定吗？顾客在哪里？他们一般在什么地方和什么时间购物？他们购物的频次是多少？顾客为什么购买某种特定的产品或服务？

你的竞争对手——有哪些已经成立的企业正在满足你的未来顾客的需求？他们的优势和劣势是什么？

你的产品和服务——应怎样去满足顾客？这些产品和服务的哪些方面最重要，是颜色、质量，还是规格？顾客是否寻找有特色的产品或服务？

需要注意的是在做顾客方面的市场调查时，企业要努力获取上述问题的可靠答案，这对于判断你的企业构思是否可行是非常有帮助的。

4.1.4 收集顾客信息的方法

为了更详细也更有针对性地了解顾客的情况，关于收集顾客信息的基本方法有：

①观察法：企业经营者可以直接观察顾客的购买情况，收集有效信息。

②访谈法：企业主可以从业内人士那里了解本行业市场方面的有用信息或者与该产品的主要销售商交流，从中获得信息。

③经验法：根据自己已有的行业知识或经验，对本行业顾客信息做出判断。

④实验法：运用实验的方法对特定的顾客在特定的环境下，用试销或者试营业的方式进行观察，观察调查对象对产品或服务在不同细节或环节上的反馈信息。

⑤问卷调查法：通过设计调查问卷，并让特定人根据自己实际情况填写问卷，以获取

信息。

⑥检索法：利用网络、报刊等媒体检索相关的顾客信息。

以上都是收集顾客信息比较常用的一些方法。在现实中，还有很多收集顾客信息的方法，为保证收集信息的有效性，在选择收集信息的方法时，一定要选适合自己而且运用成熟的方法，并且收集的顾客信息越多，越准确，越有利于企业的经营决策。同时，还需要注意的是，收集顾客信息就如同侦破刑事案件时搜集线索，如若你发现你的企业没有顾客或者没有顾客信息，这时或许就需要再重新建构一个新的企业构思，不然，"案件"就会成为"悬案"。

情境二　了解你的竞争对手

4.2　了解竞争对手

4.2.1　了解竞争对手的意义

你的企业需要与竞争对手争夺顾客。了解其优势、特点和不足，你才能做到知己知彼，百战百胜；通过观察对手的经营之道，可以做到取长补短。同时，也能够明确自己在同行业中的位置，正确地确定本企业的发展方向与目标。

商场如战场，没有压力就没有动力，没有竞争就没有精英。一个企业的价值要靠竞争对手来体现，对手有多强大你就有多强大。竞争其实是在对手的帮助下提高自己，害怕或者逃避竞争的人已经输给了竞争对手。优秀企业家都是在竞争中迈向成功的。

【案例2】

没有单独的赢家

某小镇的中心有一条繁华街道，街上有张三开的羊汤馆，对面是李四开的烧饼铺。张三制作的羊汤有祖传秘方，味道极好，远近闻名，每天食客云集，把张三忙得不亦乐乎。好不容易得了空闲，张三踱进李四的铺子，聊问其烧饼生意如何。李四笑答："托张哥羊汤之福，我家的烧饼卖得也不错，每月能挣上两千元吧。"张三往回走，愈想愈不平，心中道："我店中光雇的伙计就有七八个，全店上下忙死忙活的勉强才月赚三千，而李四只夫妻两人打卖烧饼就能月挣两千块，相比之下，李四赚钱也忒轻松了吧？"心有不甘的张三又添人手，在自家店里增设了卖烧饼业务。然而他家的烧饼并不受欢迎，进店的顾客依然是手持李四的烧饼，喝张三的羊汤。气恼之下，张三立下店规"凡进店顾客谢绝自带烧饼！"这下可好，顾客一个个都气走了，张三的生意一落千丈，最终倒闭。张三走了来个王五，重新装修店铺改卖馄饨，和李四精诚合作，从此顾客吃李四的烧饼，喝王五的馄饨，又呈现出欣欣向荣的景象。

不要简单地把竞争对手视为敌人,他们还是共同营造市场的朋友,促进自我提高的外在动力,可以学习经验的老师。

(材料来源:互联网)

4.2.2　明确竞争对手

竞争对手的产品或服务与你的产品或服务类似,竞争对手与你的企业有共同或相近的市场,与你的企业有利益冲突,且对你的企业构成一定威胁。

从一般意义上讲,所有与你的企业争夺同一目标客户群体的企业都可视为你的竞争对手,但实际上只有那些有能力与你的企业抗衡的竞争者才是你真正的竞争对手。

一般情况下,你可以从以下三个方面来确定你的竞争对手:与你的企业在相同区域;与你的企业有相同的目标顾客;在市场份额占有上互有影响。

4.2.3　了解竞争对手的相关信息

通常情况下了解竞争对手的相关信息,主要包括:

①竞争对手企业一般情况(比如,我们的竞争对手有哪些?他们的产品或服务的价格怎样?他们提供的商品或服务的质量如何?他们如何推销商品或服务?他们提供什么样的额外服务?)

②竞争对手的企业特点(比如,他们的企业在地价昂贵还是便宜的地方?他们的设备先进吗?他们的雇员受过培训吗?待遇好吗?他们做广告吗?他们怎样分销产品或服务?)

③收集和分析竞争对手的主要优势和劣势,本企业相对于竞争对手的主要优势和劣势。本企业要进入他们的市场,他们会有什么样的反应?如果他们群起反击,本企业能否抵抗得住并幸存下来?

整理并分析以上有关对手的信息,然后回答:成功的企业是否有相似的经营方式?成功的企业是否有相同的价格策略、服务、销售或生产方式?

通过对竞争对手的了解,我们要掌握市场需求和供给两方面的信息,明确自己在本行业中的位置,向竞争对手学习如何经营。

4.2.4　收集竞争对手信息的方法

收集竞争对手相关信息的方法和收集顾客信息的方法有很多相同之处,这部分可以参考收集顾客信息的方法。可以通过竞争对手的顾客、竞争对手的员工、竞争对手的供应商、利用行业渠道或竞争对手的亲朋好友去了解对手的信息、以顾客身份深入竞争对手内部。具体步骤是:一是确定竞争对手的范围(地域范围);二是确定竞争对手的对象(对手姓名);三是确定竞争对手的信息(信息内容);四是确定搜集信息的方法(同了解你的顾客的方法)。

情境三　制订市场营销计划

在了解了顾客和竞争对手信息后，就要开始着手制订市场营销计划。通过制订市场营销计划，企业可以把握规律，有目标、有针对性地从事经营活动。市场营销以及制订市场营销计划对企业达到预期目标至关重要。

一个成功创业的业主，必须制订科学的"4P"营销计划。从市场营销的四个方面，即产品、价格、地点和促销着手。

产品（product）、价格（price）、地点（place）、促销（promotion）四个方面构成了市场营销的整个内容。这四个词的英文的第一个字母都是"P"。所以，常把市场营销中的四个方面简称为"4P组合"。

4.3　市场营销计划

4.3.1　产品（product）

产品是指你（计划）向顾客销售的东西。你要决定出售的产品类型、质量、颜色和规格等。另外，产品的概念还包含与产品或服务自身相关的其他属性，如产品的包装、附带的产品说明书、售后服务、维修和零配件供应等。

产品概念的层次如图4-5所示。

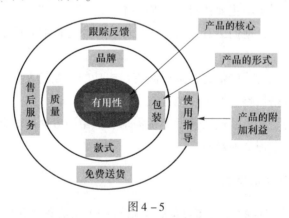

图4-5

营销计划需要着重思考：你的产品卖点是什么？

产品的核心，指向顾客提供产品或服务的基本效用或使用价值。

产品的形式，指核心产品借以实现的形式，通常由品质、式样、特征、商标及包装五个方面构成。

产品的附加利益，指顾客购买产品或服务时附带获得各种利益的总和，包括产品说明书、质保书、安装及维修服务、送货服务、技术培训等。

产品的市场生命周期如图4-6所示。

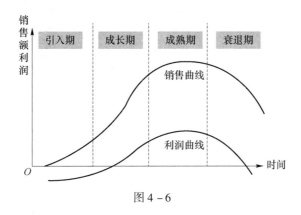

图4-6

通过上图，企业主应该认识到，任何产品的生命都是有限的，一般会经历新产品投放、成长、市场逐渐成熟、慢慢衰退等阶段，所以，必须制订合理的计划，因此，在研发新产品时要适时对市场、顾客、竞争对手有充分的了解，而且要做好承担风险的准备。

4.3.2 价格（price）

价格是你的产品/服务要换回来的货币数。定出怎样的价格才合适呢？定高了顾客不买；定低了赚不到钱。决定价格的影响因素，如图4-7所示。

图4-7

【案例3】

价格的技巧

在浙江义乌的小商品市场中，上海七浦路卖10元3双的白色棉运动袜，那里卖7角；100支装的双头棉签在上海家乐福大卖场卖1.2元，那里卖0.19元……义乌的市场很大，任你开着汽车1~4楼一圈一圈地兜，常常会迷路。市场还在拓展，一期、二期、三期，一期比一期规模大，商铺还是不够，每次都是抽签入驻。

卖100根牙签只赚1分钱，一个姓王的商贩，每天批发牙签10吨，按100根赚1分钱计算，他每天销售约1亿根牙签，稳稳当当进账1万元。有个摊位卖的是缝衣针，粗的、细的、长的、短的，一应俱全，平均1分钱两枚，这个小商贩一年卖针也能挣到80万元。

在义乌，靠做这样只赚1分钱生意起家的老板不计其数，人称"蚂蚁商人"。"蚂蚁商人"赚钱的秘诀是：家家自己开工厂，把成本拉到最低，每件商品只赚1分钱就卖！然而，就是这毫不起眼的1分钱利润，培育出了数不清的义乌的百万富翁、千万富翁。他们算账：一双袜子赚1分钱，一个普通摊位每个月要销出70万到80万双袜子，也就有7 000元到8 000元的利润，一年下来就有将近10万元，租10个摊位，就是近100万！

义乌一个半文盲的妇女，起初给人家当保姆，后来在拥挤的街头摆小摊卖胶卷。她认死理，一个胶卷永远只赚一毛钱。市场上的柯达胶卷卖22元时，她只卖14.1元，不想，后来批发量却大得惊人，生意越做越大。现在，在义乌，她的摄影器材店可以说搞摄影的无人不晓。一个农村妇女用她简单的"只赚一毛钱"的真诚打败了复杂的东西。

按传统的思维习惯，每件商品起码要赚几毛钱这生意才能做，上述这些则是打破了习惯思维，说明薄利是没有底线的，如果销量大，每件商品赚1厘钱也应竭尽全力去做。反之销量小，每个商品赚几块钱也做不得。一个打火机的利润只有5厘、1分钱，真的能制造"暴利"吗？当然能！2004年，一家叫茂盛的小工厂的出口量达9 000万个，利润为90万元。5厘、1分钱打天下的首要原则就是抠成本，根据自身的实际运作成本来抠，而不是盲目地缩减工人、工序。茂盛厂又是如何计算"微利创暴利"这笔账的呢？主要一点是厂子所在的农村有得天独厚的生产条件——地租便宜、劳动力集中。这种自然环境无疑制造了"一分钱优势"，那就是体现了劳动力资源优势。

启示：

现实生活中，有一部分人创业眼高手低，好高骛远，对做小生意不屑一顾，只想做大生意，最后一事无成，有的赔得倾家荡产，无法生活。其实，小生意投资少，风险也小，但见效快，虽然得到的是薄利，但薄利多销，积少成多，照样能赚到很多的钱。

（材料来源：互联网）

4.3.3 地点（place）

地点指你开设企业的地方。在什么地方决定了你的产品/服务是否能很方便、低成本地传递到顾客手里，而且你的地点是不是人气兴旺也决定了顾客的多寡。

地点计划考虑，企业自身的性质与需要：零售店或服务企业设在离顾客近的地方。制造企业应设在离原料、供应商近的地方。切记：好店铺就是人流、财流、信息流交换得最快、最活的地方。地点选择要突出方便顾客又适合自己企业经营特点的优势。

思考：哪个商圈最合适你？

选择经营场地要考虑的几个因素：租金高低；物业条件是否能满足经营面积、布局要求；该地区商圈辐射范围大小、人口密度、生活和消费水平；是否接近目标顾客群体；社区未来发展前景；同类生意的竞争状况；交通是否方便。如图4-8所示。

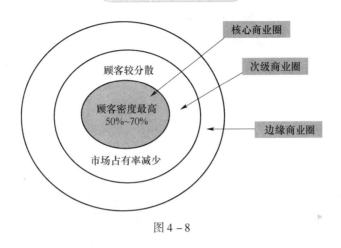

图 4-8

店址差一寸，营业差一丈。

第一，离公交站点越近越好。

第二，要根据经营内容来选择地址。服装店、小超市要求开在人流量大的地方；保健用品商店和老人服务中心，就适宜开在偏僻、安静一些的地方。

第三，要选取自发形成某类市场的地段，借市场扬名。在长期的经营中，某市场会自发形成为销售某类商品的"集中市场"。

第四，要选择有广告空间的店面。有的店面没有独立门面，店门前自然就失去独立的广告空间，也就使你失去了在店前"发挥"营销智慧的空间。

第五，要有"傍大款"意识。把店铺开在著名连锁店或强势品牌店的附近，甚至开在它的旁边。借助它们的品牌效应"拣"些顾客。

第六，不要在经常打折的店面周围做生意，不要贪图便宜房租，不租过堂店。

4.3.4 促销（promotion）

促销就是利用某种强化手段向顾客们传递信息吸引他们来购买产品/服务。世界上最大的广告公司创始人大卫·奥格威说："除非你能把所创作的东西卖出去，否则任何天才般的创作或独具匠心都是毫无价值的。"

世界上最难做的两件事：把思想装进别人的脑袋，把金钱从别人口袋里面掏出来。

常见的企业促销方式：

优惠券——印小传单邮寄、街头派发。

附赠抽奖——每购买一定金额的商品抽奖或兑奖。

赠送商品——买一送一。

有奖销售——赠送保险单、体育奖券。

集点优惠——会员卡、会员制购物俱乐部。

明折优惠——现场打折、降价销售。

包装促销——收集包装物换取奖品，包装再利用。

免费样品——在街头派发，如食品免费品尝。
广告——布标、海报、招牌、陈列品、电视、网络。
商品回收与以旧换新——旧家电、旧家具。
带顾客参观生产、加工现场。
限时特卖——不同时段不同价格，每日限量特价品。
分期付款——如房屋、汽车、家电等贵重商品。
承诺售后服务——如质量三包、培训顾客、开通热线电话。
促销方式的分类：

促销可以分别对消费者、中间商、内部员工实施。通常有4种方式：

人员推销——派推销人员向顾客做面对面的沟通，促成交易。

广告——通过媒体或宣传小册子、价格表、名片、标志品来招揽顾客。

公共关系——树立诚实不欺、优质守信的形象，取得人们的好感，往往也借助媒体发布利好信息为自己的企业做宣传来影响顾客。

营业推广——或者叫销售促销。设法用降价、奖励、礼品、表演来影响顾客，使之得到更多利益的感觉而成为购买者。

各种促销方式的特点，如表4-2所示。

促销方式	特点	促销方式	特点
广告	高度大众化传递； 可多次重复； 充分利用文字、声音和色彩； 特别适合向分散的目标顾客传递	营业推广	短时期的特别促销； 用赠品、优惠券、降价等刺激； 但显示急售意图，频繁使用会降低身价
人员推销	灵活：就近观察顾客态度、随时调整； 促进购买、建立友谊； 及时得到顾客反馈； 但最昂贵	公共关系	是间接的促销； 不要求达到直接的销售目标； 认为新闻报道可信； 传递给避开推销和广告的顾客

促销将增加成本，所以，只有当力所能及和有利可图时才去促销，不可滥用。

【案例4】

卖报老人的营销策略

两年前，有个老汉下岗了。生活的压力使老汉开始打算卖报挣钱（制定工作目标）。几经挑选，发现汽车总站人流量大、车次多，于是选定在此卖报（初步市场分析，选择终端销售点）。

经过几天蹲点发现，车站固定的卖报人已有两个（营销环境论证）。其中一个人卖很长时间了，另一个好像是车站一位驾驶员的熟人（对竞争对手进行初步分析）。如不做任何准备直接进场卖报一定会被人家赶出来。于是老汉打算从车站管理人员下手（制定公关策略）。开始，老汉每天给几位管理人员每人送份报纸，刚开始人家跟他不熟，不要他的报纸。他就说这是在附近卖报多余的，一来二去也就熟了。老汉这时就开始大倒苦水，说现在下岗了，在附近卖报销量也不好，一天卖不了几份，而马上女儿就要参加高考了，高昂的学费实在是无力负担，女儿学习成绩那么好，如果让她读不了大学，真的对不起她……（与公关对象接触并博取同情）。人心都是肉长的，车站管理员就热心帮他出主意：那你就来我们车站卖报嘛，我们这边生意蛮好的，他们每天都能卖几百份呢。有了车站管理员的许可，老汉光明正大地进场了。当然，老汉不会忘记每天孝敬管理员每人一份报纸（公共关系维护）。

可是，三个卖报人卖同样的报纸，自然效益不佳。老汉冥思苦想一番（进行营销策略分析），他看到另两个卖报的各有一个小摊点，在车站的一左一右。老汉决定不摆摊，带报纸到等车的人群中和进车厢里卖（差异化营销，渠道创新，变店铺销售为直销）。卖一段时间下来，老汉还总结了一些门道：等车的人中一般中青年男性喜欢买报纸，上车的人中一般有座位的人喜欢买报纸，并喜欢一边吃早点一边看（消费者分析）、有重大新闻时报纸卖得特别多（销售数据分析）。于是，老汉又有了新创意。每天叫卖报纸时，不再叫"快报、晨报、金陵晚报，3毛一份，5毛两份"。而是换了叫法，根据新闻来叫：什么伏明霞嫁给53岁的梁锦松啦、汤山投毒案告破啦、一个女检察长的堕落啦、非典疫情新进展，病毒研究有重大突破啦（对产品进行分析，挖掘独特的销售卖点）。这一招果然十分见效！许多原先没打算买报的人都纷纷解囊。几天下来，老汉发现每天卖的报纸居然比平时多了一半！

之后，老汉凭借和车站管理员的良好关系，让同样下岗的老婆在车站摆了个小摊卖豆浆。旁边卖早点的摊点已有十来个，带卖豆浆的也有四五家。而老汉与他们不同，只卖豆浆，并且是用封口机封装的那种，拿在手上不会洒出去。因为坐车吃早点的人通常没法拿饮料，因为怕洒。有了这个封口豆浆问题就解决了（针对目标消费者的潜在需求，开发边缘产品）。他比人家多花了500多元买了一台封口机，豆浆价格比别人贵一角钱。结果，老汉老婆的豆浆摊生意出奇的好！

大约半年左右，车站的一家报摊由于生意不好不卖了，于是老汉就接下这个地方支起了自己的报摊。老汉买了政府统一制作的报亭，气派又美观（有统一的VI，有助于提升形象）。老汉的经营品种也从单一的卖报纸发展到卖一些畅销杂志（产品线延伸）。销量更上一层楼。老汉还会根据什么杂志好卖搞一些优惠，比如，买一本《读者》送一份《快报》什么的，因为杂志赚得比较多（促销策略，用利润空间较大的产品做买赠促销，并选择受欢迎的赠品）。老汉的女儿周末在肯德基打工，常带回来一些优惠券，这又成了老汉促销的独特武器！买报纸或杂志一份，赠送肯德基优惠券一份（整合资源，创造差异化）。

由于老汉这个报亭良好的地理位置和巨大的销量，很快就被可口可乐公司发现了，他们安排业务人员上门，在老汉的报亭里张贴了可口可乐的宣传画，安放了小冰箱，于是，老汉的报亭不仅变得更漂亮更醒目，还能收一些宣传费，而且增加了卖饮料的收入（开发新的盈利项目成功）。就这样一直做了两年，老汉的卖报生意有声有色。每月的收入都不低于4 000元。现在，老汉又有了新的目标，打算在小区出口的小胡同里再开一家新的报亭（利用成型的管理和共享的资源，走连锁经营路线），把女儿将来读研的钱也挣到手！

卖报似乎很简单，但做好同样需要完整的营销策略。

（材料来源：互联网）

情境四　预测你的销售量

估计企业在一段时间内的销售量称为"销售预测"，销售预测是制订创业计划时最重要和最困难的部分。预测销售量就是估算企业在未来一段时间内（一年）的销售量。收入来自销售数量的多少和销售价格的高低，没有好的销售就没有高的利润。

在一般情况下，多数人往往过高估计自己的销售量，因此，在创业时，不要过于乐观预测你的销售量。

4.4　预测销售量

4.4.1　销售预测的重要性

①销售预测是制订创业计划最重要的环节，所有的销售量必须是从市场上来的，必须真实、可行，切忌纸上谈兵。

②销售预测是投资、启动资金预测的依据。

③是价格、现金流量计算的依据。

④是企业生存、发展的依据（扩张和限制）。

⑤是制订创业计划书的基础。

收入来自销售，没有好的销售就不可能有利润。预测的依据来源于市场调查，企业主如果能比较准确地估计自己企业今后一定时期的销售量，就能判断自己的企业能否盈利。道理很简单：卖得越多利润越厚，卖得越少利润越薄，少到一定程度就亏了。

4.4.2　销售预测的基本方法

销售预测的基本方法有以下五种：

（1）你的经验

凭借你的经验去观察、去判断，做出销售预测。比如，你在同类企业工作过，你在竞争对手的企业工作过，你的亲朋好友在同类企业工作过，你了解到的、你的经历就是财富。你应该对市场有所了解，并利用这些知识来预测你的销售。

（2）与同类企业进行对比

将你的企业资源、技术和市场营销计划与竞争对手进行比较，基于他们的水平，来模拟式地得出销售预测量。这可能是最常用的销售预测方法。你必须找一个本地的同类竞争者或外地的同类企业，看看他们的企业是如何运作的。

（3）实地测试

用小量试销的办法试探之后做出预测。这种方法对制造商和专业零售商很有效，但不适合于有大量库存的企业。使用此种测试方法，创业的起步规模要小，或者保持半开工状态，慢慢做大做全。

(4) 争取订单和购买意向书

向客户发放产品预订单或购买意向书，通过客户的回单，分析售前调查信函或顾客购买意向书，利用预订单来预测销售。这种方法适用于出口商、批发商或制造商。

切记：这些必须是书面购买意向书，不能信赖口头协议。

(5) 进行调查

从亲朋好友开始做抽样调查取得数据。调查方法为：一是以亲朋好友为对象进行初测；二是对确定访问的潜在顾客群抽样调查。

抽样调查的对象要能够代表你潜在的顾客群。这五种方法究竟用一种还是同时选用某几种，视你的需要与可能来定。

预测销售需要综合考虑以下因素：市场需求和供给两方面的情况；自己的营销计划；市场前景；自身条件。

预测销售的技巧：列出你的企业将要销售的所有服务项目或产品范围；估计你每个月希望实现的服务或产品的销售额；刚开办的企业，要想超过对手的销售额是不可能的。开业3~6个月的销售额一般不会高于竞争对手；预测销售额要客观实际，切记过高预测，要留有余地。

切记：区域内月市场容量，动态考虑市场份额。

项目五 预测启动资金

情境 启动资金分类

通过上一节的学习,我们对自己的产品或服务有没有市场,本企业在行业中所处的位置都有了较清晰的认识,了解了企业应承担的业务以及对员工的要求。下一步,我们将要考虑,准备投资多少钱,才能将我们的企业办起来,而且投入企业的资金要用得合理,花得到位,因为创业初期本来资金就有限,如果出现过度投资或者浪费,最后只会让企业和创业者受损失。

因此,我们要学会有效地确定开办企业必须购买的物资和必要的开支,并准确计算总费用,这些费用就是企业的启动资金。

5.1 如何预测启动资金

5.1.1 企业的启动资金及分类

启动资金是开办企业并使其正常运转需要准备的所有资金。主要用于支付场地(土地和建筑)、办公家具和设备、机器、原材料和商品库存、营业执照和许可证、开业前广告和促销、工资以及水电费和电话费等费用。每个企业的经营活动或循环都要完成供(购买原材料、进货)→产(组织工人生产如需要机器、设备、支付工人工资等)→销(租赁门店、橱窗展示柜、请销售服务人员等)三个环节的组织工作。每个环节都需要人、财、物的支持,测算建立这些环节需要支付的总费用就叫启动资金。

那么,开办一个新企业,需要哪些启动资金呢?总的来讲,我们可将其归纳为两类:投资和流动资金。

①投资:为开办企业购买的价值较高、使用寿命长的固定资产和无形资产,以及支付开办费和其他投入的资金总和。投资是开办企业必需的,但是不同类别的企业投资的多少也不同,有的少,有的可能就需要大量的投入。最明智的做法是把必要的投入降到最低,让企业少担风险,少受损失。

②流动资金:企业日常运转所需要支出的资金。例如,促销费、工资、租金,等等。

【案例1】

预测资金使用

李想和赵玲的手工艺品厂就要上马了,他们首先做的就是预测启动的资金。他们觉得计算启动资金比较复杂,所以把这项工作分成两步,先将需要购买的东西分类和列表,下一步再具体算钱。把计算启动资金需求分为两步:

第一步:先把需要购买的东西分成类,并把每一类具体列表。

第二步:再去测算每一类中每个具体物品的价格、每项具体花费。

投资:

平整场地、搭建工棚、两个工作台、办公家具、晾晒架、灭火器、工具及配件、三轮车、计算机、开办费(开业前市场调查费、培训费、技术资料费、注册费、营业执照费)。

流动资金:

头三个月购买原材料和包装材料的钱、工资、租金、头三个月的保险费、水电费、交通费、电话费、办公用品、应酬费及不可预见的费用。

启动资金是企业正常运转的基础,这就要求企业资金的注入要科学有效,避免过度、不足或浪费。因此,预测企业的启动资金还需要掌握启动资金测算的原则:必须、合理和最低。也就是启动资金必须合理准备,真正的必须花的钱花到位、花合理,该省的钱省下来,尽可能不多花、不乱花,保证资金的使用效率。

(材料来源:互联网)

5.1.2 投资预测

投资需要资金,而且投资的回收有可能是短线的,也有可能是长线的,但是这笔资金必须要具备,所以在开办企业前,你必须要认真科学地计算出开办企业具体要多少投资,都投在哪些环节。一般而言,投资包括固定资产、无形资产、开办费和其他投入四种形式。

(1) 固定资产投资

固定资产是企业开办时购买的价值较高、使用寿命长的资产。规定使用期五年以上,价值在800元以上。其主要包括:企业的用地和厂房、设备。

企业用地和厂房是开办企业需要的合适的场地和建筑,可能是一幢大楼,也可能是一个门脸。总之当创业者决定开办企业时,就需要根据自己的企业构思具体考虑需要什么样的场地和厂房,你可以建房、买房、租房或者在家开业都可以,但是一定要适合自己。

设备是指开办企业需要购置的机器、工具、车辆以及办公家具等。对于制造类企业,设备是必需的,没有设备就没办法组织生产,但是设备投资往往费用较高,因此,创业者或企业主必须清楚哪些设备是必要的,应该怎样准确去选择,都需要慎重考虑,避免损失。

(2) 无形资产

无形资产是企业长期使用的、布局用实物形态,但能带来经济收益的资产,例如,商标权、专利权、软件、特许经营权,等等。无形资产是一种特殊的资产,它涉及产权的归属,所以在使用无形资产时,企业主或创业者必须考虑无形资产使用的合法性,在法律规定的范围内,你可以利用它;此外,还要考虑使用的期限,明确使用的有效期。

(3) 开办费

开办费是指企业在筹建期间发生的各项费用,例如,加盟费、培训费、差旅费、注册登记费以及其他不计入固定资产和无形资产的费用。

(4) 其他投入

这项费用主要有装修费、转让费,等等。

开办费和其他投入需要注意的是由于它们涵盖的范围较广,所以,在计算时要把项目列全并适当留有余地。

【案例 2】

投资预测

李想和赵玲的工艺品厂在自己家里开办,相对而言投资较少,虽然省去了在外面租地、租房的费用,但他们也需要投入不少资金,具体需要多少,要仔细算一算。

表 5-1

项目	费用/元
工棚: 搭建工棚	800
工棚设备: 桌椅板凳 电线、电灯 灭火器 办公用品	50 30 100 20
生产工具设备: 工具 晾晒架 两个工作台	100 300 400
交通工具: 三轮车	2 000
电子设备: 计算机	3 000
开办费: 登记注册和营业执照费 市场调查费、咨询费 培训费、技术资料费	50 180 120

续表

项　　目	费用/元
其他投入： 前期装修费	5 000
投资总额	12 150

通过观察表格和计算，我们可以知道：李想和赵玲需要的投资总额为 12 150 元，其中固定资产投资 6 800 元，开办费 350 元，其他投入 5 000 元。

（材料来源：互联网）

5.1.3　流动资金预测

企业经营往往是有周期性的，企业收入的回笼也是需要一定时间的，企业需要先把产品生产出来，然后投放市场，卖到顾客手里，钱才能回来。要把产品生产出来除了需要投资外，还需要流动资金。

流动资金是企业日常运转所需要的支出资金，特点：保证企业日常运转所需要支出的资金。主要包括：购买并储存原材料和商品的费用、促销费、支付工人工资、租金、保险费以及其他费用等。

不同的企业所需的流动资金不同。一般的企业流动资金需要支付的费用至少要维持三个月，因为，企业在前三个月一般是没有收入的，三个月后资金才能逐渐回笼；并且流动资金的某些费用的不可预测性比较大，因此，企业刚开始销售时不要盲目乐观，流动资金计划得要更宽裕些，以备不时之需。在接下来的学习中，我们还会了解制订企业的现金流计划，它会帮助创业者或企业主更科学地预测企业的流动资金投入。

1. 购买并储存原材料和商品的费用

各类企业都需要购买原材料，在购买原材料后，肯定不会一次用完，这就需要把原材料储存起来，购买需要费用，储存也需要费用，同时，产品生产出来后剩余产品也需要储存起来，这些费用都属于流动资金的范畴，因此，需要把库存降到最低。

如果你是制造商，你需要预测生产需要多少库存，进而计算需要多少流动资金；如果你是服务商，你也需要知道你提供的服务需要多少原料库存；如果你是零售商和批发商，你需要在正式营业前准确预测你需要多少商品存货。当然，如果你的企业允许赊账，那就意味着资金回笼的时间更长，那就需要更多的流动资金来保证最低库存。

2. 促销费

新企业都要尽快把自己的产品或服务销售出去，这需要进行适合自己的促销活动，而且促销的费用也属于流动资金。

3. 工资

开办企业，如果创业者或企业主雇用了员工，在经营的初期就要付给他们工资。计算工资的费用,也属于预测流动资金。另外,企业主的生活花销也需要流动资金来支付。

4. 租金

如果你的企业是建房、买房或在家开业,那就不要支付租金。如果你考虑租赁房屋的形式经营,企业一运转就要支付场地和厂房的费用。你可以用月租金乘以还没达到收支平衡的月数,计算出房租在流动资金中的份额,而且租金一般需要支付6个月或1年的费用,因此,会占用更多的流动资金。

5. 保险费

保险是降低企业的风险,必要的保险费也需要从流动资金中支出。

6. 其他费用

除了以上的流动资金构成,还需要一些其他费用,如水电费、办公用品费、交通费、电话费、不可预见费等,起步时纳入启动资金数额内。

为保证企业的正常运转,预测流动资金要注意以下几个问题:第一,要意识到"流动资金周转不灵,会导致破产"。第二,必须核准你的流动资金持续投入期,即在你没取得销售收入以前须投入多长时间的流动资金。第三,必须将流动资金需求量降至最低。依据"必须、必要、合理、最低"的原则,该支出的必须支出,不该支出的就不要支出。第四,必须保持一定量的流动资金"储备"以备不时之需。

【案例3】

流动资金预测

在创办工艺品厂的过程中,李想和赵玲估计,至少经营3个月后才能达到收支平衡。因此,他们必须准备出这3个月企业运转的资金。他们俩商量这个阶段自己不领工资,但把工资记入成本。头3个月生活费开支已事先留出,不记入企业成本。由于他们一开始对生产和销售都不十分熟悉,他们做了一个保守的生产和销售量预测。在头3个月里他们能够分别制作和出售工艺品300件、600件和800件。

表5-2是他们为头3个月计算出来的流动资金需要。

表5-2

项　目	头3个月的成本/元
原材料和包装	1 740
李想和赵玲的工资(每月600元)	0
市场营销和促销(每月50元)	150
保险费(全年)	240
维修费(每月30元)	90
电费、电话费(每月20元)	60
流动资金总额	2 280

算出来所需的流动资金总额 2 280 元，那么，他们开办企业所需要的启动资金总额 = 启动投资 + 流动资金总额 = 2 150 + 2 280 = 4 430（元）。这个数额远远超过他们在企业构思阶段所想的投入的 1 700 元。他们觉得这个数字不大对头。流动资金的算法可能有问题：第一，头 3 个月的确不领每月 600 元工资。第二，这是假设头 3 个月没有任何销售收入的情况，只有出没有进，不能体现资金流动情况。第三，有些费用可能被遗漏。在以后做现金流量计划时，他们会尽量把它做得更加完整和准确，以便最终确定流动资金需要量和启动资金总额。

总之，创业者办企业前，应根据销售预测计算你的启动资金，对启动时需要的资金有个大致的了解。

（材料来源：互联网）

项目六　撰写创业计划书

情境一　认识商业模式的内涵与种类

6.1　商业模式及相关概念

6.1.1　商业模式定义

【案例1】

商业模式展示

阿里巴巴公司和中国6家上市航空公司：中国国航、南方航空、东方航空、海南航空、春秋航空和吉祥航空，它们都是国内知名度很高的企业，那么，两者的营业收入谁更高呢？首先来看双方第一场比赛，营业收入锦标赛，2015年阿里巴巴营业收入是1 011.43亿元，而6家上市航空公司营业收入是3 657.18亿元，显然在两者的营业收入比赛中，6家上市航空公司的总营业收入远超阿里巴巴。6家公司的营业收入高于一家公司，也是很正常的。如果按照这个逻辑，是不是意味着6家上市航空公司的市值之和就更高呢？下面来看看两者的第二场比赛，市值锦标赛。从2016年9月的公司市值来看，6家上市航空公司的市值之和是3 432.14亿元，而阿里巴巴的市值却达到18 038.4亿元，这场比赛中阿里巴巴完胜6家上市航空公司。虽然6家上市航空公司，营业收入是阿里巴巴的3倍有余，但阿里巴巴的市值却反过来超过6家上市航空公司的5倍。

为什么作为国家交通业的重要组成部分，6家上市公司的市场认可度还比不上一家互联网公司呢？通过上述两场比赛，我们可以发现，一个企业的成功不仅是产品的成功，更是商业模式的成功。正因为阿里巴巴有着领先的商业模式，虽然营业收入不如6家上市航空公司，但是阿里巴巴的市值却很高，因此，商业模式的重要性可见一斑。

（材料来源：互联网）

在大量的创业实践活动中，很多创业者虽能识别绝佳的市场机会、形成新颖的创业思路并组建才干超群的创业团队，但仍然很难获得投资人的认可，其中一个可能的重要原因便是没有建立起驱动健康成长的正确的商业模式。那究竟什么是商业模式？不同的学者对于商业模式给出了不同的定义，下面列举一些重要的代表观点。

商业模式是产品、服务和信息流的一个体系架构，包括说明各种不同的参与者以及他们的角色，各种参与者的潜在利益，以及企业收入的来源。

——Timmers（1998）

商业模式描述了交易的内容、结构和规制，用以通过开发商业机会创造价值。

——Amit&Zott（2001）

商业模式是用以说明企业如何运营的概念，它必须回答管理者关心的一些基本问题：谁是顾客，顾客价值何在，如何在这个领域获得收入，以及如何以合适的成本为顾客提供价值。

——Joan Magretta（2002）

商业模式表现为一定的业务领域中的顾客核心价值主张和价值网络配置，包括企业的战略能力和价值网络中其他成员的能力，以及对这些能力的领导和管理，以持续不断地改造自己来满足包括股东在内的各种利益相关者的多重目的。

——S. C. Voelpel, et al（2004）

上述是商业模式的一些主要的观点，我们不难看到商业模式究竟对企业来说有多重要。管理学大师德鲁克说过："21世纪，企业间的竞争，已经不再是产品和服务间的竞争，而是商业模式之间的竞争。"而商业模式是以价值创造为核心，描述企业如何创造价值、传递价值和获取价值的基本原理。

恰当的商业模式是企业安身立命、健康成长的根本。例如，如家连锁酒店给差旅客户提供的价值是"够用而不余的住宿条件且比星级酒店便宜"，一切营销活动都围绕着这个价值开展——去掉一切多余的装修、设备、物品等。可见，商业模式就是企业从为客户创造价值的角度出发、发现可满足客户需求的价值后，通过整合自身内部和外部资源，进而打造企业利润空间的商业系统。

6.1.2 商业模式的四个维度

为了更深入地了解商业模式，我们把商业模式分为四个维度，分别是价值体现、价值创造、价值传递和企业盈利。

价值体现（价值发现）指企业拟为客户创造并传递的价值。明确价值创造的来源，这是对机会识别的延伸。通过可行性分析识别创业者所认定的创新性产品和服务，这是创建新企业的手段，企业最终的盈利与否取决于它是否拥有顾客。创业者在对创新性产品和服务识别的基础上，进一步明确和细化顾客价值所在，确定价值命题，是商业模式开发的关键环节。以阿里巴巴公司为例，阿里巴巴的顾客群体包括网络消费者、中间商、制造商。大家都有过在淘宝上剁手的经验，那么，我们以网络消费者这一顾客群体来解读。对于消费者来说，只要在淘宝网上输入关键词，就能轻松找到来自全国各地各式各样的商品，挑选合适的商品后轻松下单，既突破了地域的限制，又满足了消费者个性化的需求，并且由于中间环节的缩减，使各类商品的售价大幅下降，这是阿里巴巴为消费者创造的价值。

价值创造（价值获取）指企业构建的平台、资源和流程。制定竞争策略，占有创新价值。这是价值创造的目标，是新企业能够生存下来并获得竞争优势的关键，因此，是有效商业模式的核心逻辑之一。价值获取的途径有两个方面：一是为新企业选择价值链中核心角色，二是对自己的商业模式细节最大可能地保密。对第一方面来说，价值链中每项活动的增值空间是不同的，哪一个企业占有了增值空间较大的活动，就占有了整个价值链创造的较大比例，这直接影响创新价值的获取。对第二方面来说，有效的商业模式被模仿，在一定程度上将会侵蚀企业已有利润，因此，创业企业越能保护自己的创意不泄露，越能较长时间地占有创新效益。依然以阿里巴巴公司为例，在公司发展的初期，阿里巴巴致力于信息流域，打造信息服务平台，使客户汇聚到它的信息平台上。而随着企业发展，阿里巴巴进一步深化了信息平台，并开通了几个新的平台业务，客户便可在这些平台上获取各种各样的交易信息，为会员提供一个国际贸易平台，汇集全球178个国家和地区的商业信息并形成了一个个性化的商业社区。

价值传递（价值匹配）指通过相关平台、渠道，让企业价值得到传递的过程，即使有很大价值，如果不能传递出去，也是无用的。明确合作伙伴，实现价值创造。新企业不可能拥有满足顾客需要的所有资源和能力，即便新企业愿意亲自去打造和构建需要的所有能力，也常常面临着很大的成本和风险。因此，为了在机会窗口内获得先发优势，并最大限度地控制机会开发的风险，几乎所有的新企业都要与其他企业形成合作关系，以使其商业模式有效运作。例如，在阿里巴巴涉足互联网商业时，eBay早已成为国际互联网商业巨头，但在eBay进入中国后，却敌不过初出茅庐的阿里巴巴，在市场份额上严重落后于阿里巴巴，而这一切源于阿里巴巴的免费模式，相比eBay众多的手续费，阿里巴巴提供"免费注册"，通过免费的信息平台，客户不需要付费就可以获取相关的交易信息。因此，阿里巴巴在客户中奠定了扎实的基础，逐渐打造出自己的品牌。

企业盈利指企业获取利润的方式。阿里巴巴在前期通过免费服务获取了大量的客户后，通过具有吸引力的网络平台，建立呼叫中心和庞大的服务团队等，将部分免费用户转换为付费用户，并通过收取会员费、广告费、提供竞价排名、增值服务等获取利润。

商业模式的四个组成部分十分重要，在其开发过程中，每一项思考过程都不能忽略。新企业只有认真遵循这个四个维度，才能真正开发出同时为顾客、企业以及合作伙伴创造经济价值的商业模式。

6.1.3 商业模式与企业战略

在讲到商业模式的时候会经常提到战略，战略是企业为了获得竞争优势对价值创造活动进行的规划，它的关键词是竞争优势。在很多情况下，大家认为两者是可以互换的。著名的管理学家明兹伯格认为战略就是模式，然而两者的分析层次和实质内涵还是有区别的。

两者的相同点有两点：第一点本质性是一样的，商业模式的本质性是价值的创造，但在激烈的企业竞争中，要形成竞争优势，就要持续地创造价值。战略的本质就是获得竞争优势。第二点内容高度一致，很多管理学者认为商业模式是战略实施的过程。战略是商业模式的具体实施，两者是高度一致的。

两者的不同点有三点：第一点是侧重点不同，战略是对未来的规划，商业模式是对规划之后的具体实施。第二点是战略更加抽象，商业模式更加具体。同行业的企业可以采取同样的战略，但会因为商业模式的不同导致不一样的结果，因此，通过商业模式来对比两家公司更加直观。第三点是战略设计中许多重要内容是商业模式不具备的。战略管理包括环境分析、战略选择和战略实施，在这个过程当中，涉及了大量的管理工具，例如，宏观环境分析、行业环境分析、竞争环境分析等不同的工具。而这些内容在商业模式中都不具备。虽然商业模式和战略两者存在区别，但是在设置商业模式的时候去联系企业战略，能帮助企业更好地了解商业模式，从而对商业模式进行更好的设计和优化。

6.2 商业模式工具——商业模式画布

6.2.1 商业模式画布概念

在互联网时代，数不清的创业者们每天在思考如何创新商业模式，希望以四两拨千斤的巧妙去颠覆传统行业。创业者是否找到了帮助创业团队催生创意、降低不确定性、解决问题的工具呢？现在，我们介绍一个在商业模式中最流行的工具——商业模式画布。

商业模式画布（如图6-1所示）是由亚历山大·奥斯特瓦德和伊夫·皮尼厄与全球超过470位参与者共同开发的一个简单应用的商业模式设计工具。创始人对商业模式画布的定义为，一种用来描述商业模式、可视化商业模式、评估商业模式以及改变商业模式的通用语言。它由九个模块构成，分别是客户细分、价值主张、渠道通路、客户关系、收入来源、核心资源、关键业务、重要合作、成本结构。但是对于初学者而言，需要把它们按照一定的逻辑顺序组合起来，去学习和解读商业模式。首先要了解目标客户群，再确定其需求，想好如何接触到他们，并建立起客户关系。满足消费者需求并获得盈利，凭借关键资源和业务流程实现盈利。谁是与企业并肩作战的合伙人，以及这个过程中可以了解到的成本构成。每个构造块都面临着成千上万的可能性和替代方案，企业需要做的是找到一个最佳的组合方式。

商业模式画布

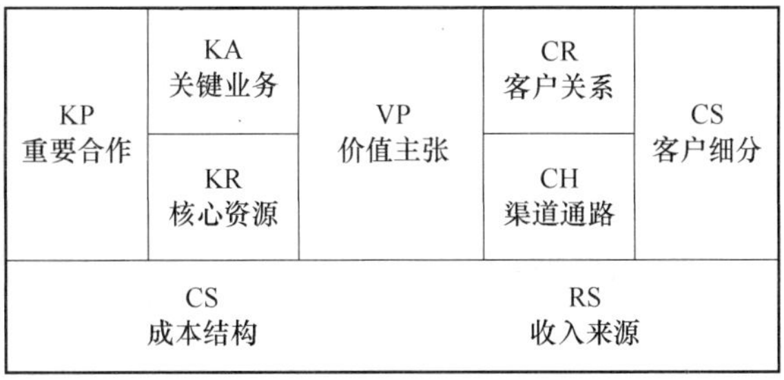

KP 重要合作	KA 关键业务	VP 价值主张	CR 客户关系	CS 客户细分
	KR 核心资源		CH 渠道通路	
CS 成本结构				RS 收入来源

图6-1

6.2.2 商业模式画布框架内容的细分

（1）客户细分

用来描述想要接触和服务的不同人群和组织，主要回答：我们正在为谁创造价值？谁是我们最重要的顾客？一般可以将顾客细分为五种群体类型：

①大众市场：价值主张、渠道通路和顾客关系全都聚集在一个大范围的客户群组，顾客具有大致相同的需求和问题。

②利基市场：价值主张、渠道通路和顾客关系都针对某一利基市场的特定需求制定，常可在供应商—采购商的关系中找到。

③区隔化市场：顾客需求略有不同，细分群体之间的市场区隔有所不同，所提供的价值主张也略有不同。

④多元化市场：经营业务多样化，以完全不同的价值主张迎合完全不同需求的顾客细分群体。

⑤多边平台或多边市场：服务于两个或更多的相互依存的顾客细分群体。

（2）价值主张

用来描述为特定顾客细分创造价值的系列产品和服务，主要回答：我们该向顾客传递什么样的价值？我们正在帮助顾客解决哪一类难题？我们正在满足哪些顾客需求？我们正在提供给顾客细分群体哪些系列的产品和服务？

价值主张的简要要素主要包括：

①新颖，产品或服务满足顾客从未感受和体验过的全新需求。

②性能，改善产品和服务性能是传统意义上创造价值的普遍方法。

③定制化，以满足个别顾客或顾客细分群体的特定需求来创造价值。

④把事情做好，可通过帮顾客把某些事情做好而简单地创造价值。

⑤设计，产品因优秀的设计脱颖而出。

⑥品牌/身份地位，顾客可以通过使用和显示某一特定品牌而发现价值。

⑦价格，以更低的价格提供同质化的价值，满足结果敏感顾客细分群体。

⑧成本消减，帮助顾客消减成本是创造价值的重要方法。

⑨风险抑制，帮助顾客抑制风险也可以创造顾客价值。

⑩可达性/便利性/可用性，把产品和服务提供给以前接触不到的顾客，使事情更方便或易于使用，可以创造可观的价值。

（3）渠道通路

用来描绘如何沟通接触顾客细分群体而传递价值主张，主要回答：通过哪些渠道可以接触我们的顾客细分群体？我们如何接触他们？我们的渠道如何整合？哪些渠道最有效？哪些渠道成本最低效益最好？如何把我们的渠道和顾客的例行程序进行整合？企业可以选择通过自有渠道、合作伙伴渠道或者两者混合来接触顾客。其中，自有渠道包括自建销售队伍和在线销售，合作伙伴渠道包括合作伙伴店铺和批发商。

（4）顾客关系

用来描绘与特定顾客细分群体建立的关系类型，主要回答：我们每个顾客细分群体希望我们与其建立和保持何种关系？哪些关系我们已经建立了？这些关系成本如何？如何把它们与商业模式的其余部分进行整合？

一般来说，顾客关系分为六种类型：

①个人助理，基于人与人之间的互动，可以通过呼叫中心、电子邮件或其他销售方式等个人助理手段进行。

②自主服务，为顾客提供自主服务所需要的全部条件。

③专用个人助理，为单一顾客安排专门的顾客代表，通常是向高净值个人顾客提供服务。

④自助化服务，整合了更加精细的自动化过程，可以识别不同顾客及其特点，并提供与顾客订单或交易相关的服务。

⑤社区，利用用户社区与顾客或潜在顾客建立更为深入的联系，如建立在线社区。

⑥共同创作，与顾客共同创造价值，鼓励顾客参与到全新和创新产品的设计和创作。

（5）收入来源

用来描述从每个顾客群体中获取的现金收入，主要回答：什么样的价值能让顾客愿意付费？他们现在付费买什么？他们是如何支付费用的？他们更愿意如何支付费用？每个收入来源占总收入的比例是多少？

一般来说，收入来源可分为七种类型：

①资产销售，销售实体产品的所有权。

②使用收费，通过特定的服务收费。

③订阅收费，销售重复使用的服务。

④租赁收费，暂时性排他使用权的授权。

⑤授权收费，知识产权授权使用。

⑥经济收费，提供中介服务收取佣金。

⑦广告收费，提供广告宣传服务收入。

（6）核心资源

用来描述让商业模式有效运转所需的最重要的因素，主要回答：我们的价值主张需要什么样的核心资源？我们的渠道通路需要什么样的核心资源？我们的顾客关系需要什么样的核心资源？我们的收入来源需要什么样的核心资源？

一般来说，核心资源可以分为四种类型：

①实体资产，包括生产设施、不动产、系统、销售网点和分销网点等。

②知识资产，包括品牌、专有知识、专利和版权、合作关系和顾客数据库。

③人力资源，在知识密集产业和创意产业中，人力资源至关重要。

④金融资产，金融资源或财务担保，如现金、信贷额度或股票期权池。

（7）关键业务

用来描述为了确保其商业模式可行，必须做的重要的事情，主要回答：我们的价值主张需要哪些关键业务？我们的渠道通路需要哪些关键业务？我们的顾客关系需要哪些关键业务？我们的收入来源需要哪些关键业务？

一般来说，关键业务可以分为三种类型：

①制造产品，与设计、制造及发送产品有关，是企业商业模式的核心。

②平台/网络，网络服务、交易平台、软件甚至品牌都可看成平台，与平台管理、服务提供和平台推广相关。

③问题解决，为顾客提供新的解决方案，需要知识管理和持续培训等业务。

（8）重要合作

让商业模式有效运作所需的供应商与合作伙伴的网络，主要回答：谁是我们的重要伙伴？谁是我们的重要供应商？我们正在从伙伴那里获取哪些核心资源？合作伙伴都执行哪些关键业务？

一般来说，重要合作可以分为四种类型：在非竞争者之间的战略联盟关系；在竞争者之间的战略合作关系；为开发新业务而构建的合资关系；为确保可靠供应的购买方——供应商关系。

（9）成本构成

商业模式运转所引发的所有成本，主要回答：什么是我们商业模式中最重要的固定成本？哪些核心资源花费最多？哪些关键业务花费最多？

一般来说，成本结构可以分为两种类型：

①成本驱动。创造和维持最经济的成本构成，采用最低的价值主张、最大限度自动化和广泛外包。

②价值驱动。专注于创造价值，增值型的价值主张和高度个性化服务通常是以价值驱动型商业模式为特征。

任何一种商业模式都少不了这九种要素，任何新型的商业模式都不过是这九个要素按不同逻辑排列组合而已。每个人的定位、兴趣点和视角都不一样，向各个要素中添加的内容也就不一样，于是就有了不同的商业模式。

6.2.3 商业模式的典型类型

（1）长尾式商业模式

什么是长尾式商业模式？我们先举一个案例，在传统的百货店，提供一定数量的商品品类，不同的品类有不同的销量。根据统计，高销量的商品往往集中在20%的商品中，而其他80%的商品销量并不乐观。如果我是百货店的经理，会对20%的商品给予充分的重视，因为它给我们带来了更多的利润回报。而其他品类分布在80%的区间内，我们称之为长尾。它们的需求量并不高，人们对它们的关注也不是特别大，但是我们知道一家百货店里的商品不能满足所有消费者的需求，消费者总会有一个个性化的需求。当长尾的这一部分进一步延伸，也就是说我们能够提供更多商品品类的时候，这样就能满足不同消费者的需求。虽然大部分商品品类的销量都非常低，但如果总类足够多的话，总的销量会远远超过前面20%商品的销售。关注长尾部分，满足不同消费者的需求，我们把这种模式称之为长尾商业模式。

这种商业模式是以多样少量为核心，依托低库存、成本和强大平台，为多个细分市场提供大量产品。这种商业模式的核心点是:第一,多样、少量,非常多的款式,但是每种款式的量非常少。第二,多样的产品满足不同的细分市场,而每一个细分市场的需求量都不高。例如,广告主是怎么投放广告的?以前没有互联网,通过电视、报纸、广播投放广告,投放到这些平台的成本比较高,因此,都是比较大的广告主投放;而小的商家只能通过发放传单、张贴广告画等方式去满足投放广告的需求,这样产生的影响面比较窄。现在互联网搜索引擎不仅满足了大的广告主,也能满足小的广告主,只要能付费,搜索引擎就能做到广告的投放。互联网搜索引擎的商业模式画布,客户细分群体为网民、内容拥有者、广告主;核心价值观是为网民提供免费的搜索引擎平台,对内容拥有者来说鼓励其进行内容增值,对广告公司主提供的是定向的广告;渠道通路为官方的网站和销售团队;客户关系包括个人助理和自助服务;收入来源包括关键字的拍卖以及免费;核心资源主要是专利技术搜索平台和用户流量;关键业务为平台管理;重要合作伙伴是互联网和各种信息源;成本构成最主要的是运营成本。

(2) 多边平台式商业模式

多边平台式商业模式是第二个常见的商业模式,以家用游戏机为例,来了解什么是多边平台式商业模式。游戏机厂家向铁杆游戏玩家提供了一个高性能家庭游戏机,但是他们采用的是亏本的硬件销售,每卖出一台游戏机厂家是亏本的,为什么会亏本卖产品呢?游戏机厂家的另外一个客户细分群体是游戏开发厂商,对于游戏开发厂商而言,他们要把游戏卖给更多的游戏机用户,只有使用的人多才能赚取更多的利润,那么,游戏机用户在哪里呢?游戏机公司通过亏本销售产品,吸引了大量的用户群体,就成了游戏机公司赚钱的筹码,他们以此向游戏机用户收取游戏版权费,游戏机公司通过极高性价比的游戏机同时吸引了大量游戏用户和游戏开发厂商,这就是多边平台商业模式。

多边平台就是将客户群体集合,通过促进各方客户群体互动而创造价值。游戏机公司就相当于为大量的游戏机用户和游戏开发厂商搭建了一种桥梁,并由此实现自己的商业价值。图6-2游戏机就是索尼的PS3,但这款游戏机在当时并没有获得很大成功,首先的原因在于这款游戏机面向铁杆游戏玩家,这个用户群体数量比较少,只能通过亏本的硬件销售来吸引更多的消费者。同时,索尼把更

图6-2

多的精力放在了游戏机硬件的开发上,没有更好地关注游戏开发厂商的需求,因为,游戏开发厂商在这款平台上开发每一款游戏的时间都超过了6个月,这就导致游戏开发厂商开发的游戏的数量比较少,游戏少了就难以吸引更多的人去购买游戏机,这令游戏开发商不得不在这个平台上持续投入,因此,这款游戏机在当时并没有获得很大成功。索尼是怎么改变这种情况的?索尼推出了新一代的游戏机PS4,它与PS3的商业模式非常相似,但对具体做法进行了调整,更注重游戏开发平台的建设,开发一款游戏的周期从过去的6个月以上减少到两个月以内,从而吸引更多的游戏开发厂商开发更多的产品,庞大的游戏阵容成为PS4最吸引

人的地方。PS4获得了巨大成功，2016年产品的销量已经超过了5 000万台，成了索尼公司最强的产品。从2016年的销售额来看，单一产品的利润占到了总利润的50%左右。同一个厂商，统一的商业模式，细微的差异成就了不同的成功。这使我们在研究企业的商业模式时要懂得从大处着眼、小处着手。

（3）免费式商业模式

免费式商业模式有三种，分别是免费增收、免费平台和诱导（见表6-1）。免费增收是大量的基础用户，受益于没有任何附加条件的免费产品和服务，而通过另外收费的增值服务来获得收益。免费增收商业模式的式样为免费的服务、吸引大量的用户群体、提供收费的增值服务。从免费到收费用户转化率是关键。例如，1999年的初创企业腾讯公司推出了QQ的商业模式，客户细分为大众用户，价值主张为免费交际平台，渠道通路为官方网站和客户端，客户关系为社区自助服务，收入来源为优质号码付费，核心资源是研发团队，关键业务为软件开发，重要合作伙伴为电信运营商，成本构成为人力成本、市场推广、研发费用以及行政支出。由于优质号码付费具有一定的局限性，2002年腾讯调整商业模式，提出虚拟个性化产品，消费者为了追求个性化表达愿意为虚拟产品付费，因此，收入来源变为增值服务。

表6-1 免费式商业模式类型及内涵

免费商业模式类型	内涵
免费增收	在免费赠送商品的基础上，通过增值业务来获得自身的盈利
免费平台	在免费产品获得巨大用户流量的基础上，通过广告费获得收益来源
诱导	提供价格低廉或者免费的商品，再通过后续商品的重复销售来实现企业的盈利

免费平台是通过免费手段销售产品和服务，建立庞大的消费群体，然后再通过配套的增值服务、广告费等方式取得收益。免费平台商业模式，免费产品或服务，会产生巨大的客户流量、广告费。例如，四川航空公司（以下简称"川航"）的免费平台商业模式，从成都双流机场到市区打出租车需要150元，四川航空公司提供的服务车只需要每人25元。川航在汽车公司购入150辆车，每辆市价价值14.8万元，买入价位9万元，之所以购入价格比较低一方面是因为团购，另一方面每年能运输200万顾客，能很好地进行广告宣传。购入的车，川航公司并未雇佣司机来开车，而是卖给了司机，每辆车17.8万元，司机购买的不仅仅是车还有机场服务的特许经营权以及机场稳定的客流。乘客需要提供每人每车25元的车费，司机获得了稳定的收益。川航的收益分为两部分，一部分为直接收益，（17.8-9）×150=1 320（万元）；一部分经济实惠，方便了乘客去往市区，因此，拥有了更多的客户量；另一方面与汽车公司签约的广告合同期满之后，可以拓展市场和其他广告主合作，成为一个有价值的广告媒介，并且具有不错的广告收入。

诱导式商业模式是通过廉价、甚至是免费的初始产品或服务，促进相关产品或服务在未来重复购买的商业模式。诱导式商业模式有三个关键点：一是初期的产品或服务是低价的，甚至是免费的；二是产品或服务需要重复购买；三是用户的转换成本很高。例如，惠普打印机一直处于市场领先地位，连续 30 年打印机市场份额第一，2014 年惠普打印机的市场份额是排名第二的打印机的两倍，惠普遥遥领先。惠普公司的商业模式是什么呢？惠普为消费者提供性价比非常高的打印设备，但不是公司主要的利润来源，激光打印机的关键耗材是硒鼓，当硒鼓内的碳粉使用完后，用户可能需要更换新的硒鼓，而惠普的碳粉有专利保护，能确保客户拥有较高的打印质量，同时对硒鼓使用智能管理，在使用非惠普硒鼓时机器会提示可能会出现风险的警示，因此，客户为保证更高的打印质量，会持续使用或更换惠普原装硒鼓，这为其创造了丰厚的利润。

(4) 开放式商业模式

开放式商业模式有两种：一种是从外到内，一种是从内到外。第一种从外到内是指将外部的创意引入公司内部，为企业创造价值的商业模式。从外到内的模式，首先公司将外部的创意引入到内部，并建立起与创新外部伙伴的重要合作关系。在这个过程中，企业的内部要有相应的核心资源与关键业务。在核心资源方面，应具有连接外部创新优势的特定资源。例如，在小米手机还没推出之前，领军人物雷军以个人的魅力和影响力，打造了一个超过 20 万人的粉丝群，通过这个粉丝群来充分听取用户的意见，与用户不断地沟通、交流，让初创团队了解用户对手机有什么期望，有什么功能的需求，等等。根据用户的意见，初创团队不断提炼，形成自己的概念，进而形成样机，并对铁杆"粉丝"预售工程机，进行小规模的内测。第一批用户在使用工程机的过程中，会把使用意见反馈给客服，客服再把意见反馈给设计部门，根据综合评估，用户的意见会被采纳，并直接改变产品的设计和性能，让产品得到快速的完善。根据小米科技副总裁黎万强透露，在初始阶段，小米手机超过 1/3 的改进方案来自用户，小米手机的商业模式就是开放式商业模式中的从外到内，小米手机善于利用粉丝的意见，不断改进，让产品更加符合消费者的需求，创造了小米辉煌的一段业绩。公司的核心资源正是雷军的个人魅力和影响力，才能连接外部超过 20 万的粉丝；在关键业务方面，引进的外部资源能和内部业务流程整合，这样才能发挥作用，否则外部的创意再好，企业不能有效地利用，一样很难产生效益。另外，企业应用这种商业模式时，需要支付链接外部资源的成本，这就是开放式商业模式中从外到内的式样。

开放式商业模式的第二种从内到外，是指将企业内部闲置的创意和资产提供给外部伙伴为企业创造价值的商业模式。从内到外的式样，首先客户的细分群体是外部有需要创新的企业；在价值主张上，企业的研发成功对外部是有价值的；渠道通路一般是互联网平台；收入来源是通过闲置的资源获得格外的收入；核心资源是企业内闲置的无形资产。闲置资源是指创意或者专利，这类资源在给外部企业创造价值的同时，也帮助企业获得收益。使用从内到外商业模式的企业通常为知识型企业，但是动机可能不仅仅是为了让闲置资源表现。例如，诺基亚手机在相当长的时间内占据市场龙头的地位，可惜在 2013 年 1 月份手机停产了，当时业界有这样一句话："生产手机的诺基亚是可怕的，但是不生产手机的诺基亚更加可怕。"为什么会这样呢？因为，在诺基亚手机流行的过程中，企业积累了大量的专利，厂商在制造手机的时候必然无法逾越其中的一些专利。2011 年苹果公司支付诺基亚巨额专利使用费；2013 年三星公司购买了诺基亚 5 年专利使用权。IT 巨头们，包括苹果、三星、微软，等等，每年支付给诺基亚的专利使用费达到5亿欧元，预计到2018年诺基亚每年的专利使用费收益达到6亿欧元。从2015年的财务报表来看，专利使用费的收益超过了诺基亚净利润的1/5。与其将专利固化为文案锁在保险柜中，还不如开放出来让大家使用，并从中获利，这种商业模式称为从内到外的开放式商业模式。

（5）商业模式创新

企业不仅要了解商业模式，而且要根据企业的实际情况进行商业模式的创新，在模仿中、竞争中、试错中设计和调整商业模式。通过引用创新点、延伸扩展、逆向思维、强化自身良性循环、削弱竞争对手良性循环、变竞争为互补等方式来创新企业的商业模式。

在学习和探究优秀商业模式的同时，比照本企业的相关情况，寻找本企业和这些创新点的不足，如果这些创新点能够比本企业现阶段商业模式中的相关内容更符合企业发展需要，企业就应该结合实际需要将这些创新概念在本企业给予引用并发挥价值。也可以通过借助优秀企业的商业模式，寻找到尚未开发的其他有效细分市场，并有机会构建先发竞争优势，且使用范围也更为广泛，适合于行业内所有的企业。在具体的实施过程中可能会有两个难点：一是在于对细分市场的寻找和分析，如何能够找到尚未开发的细分市场；二是原则上进入同一市场内部不同细分市场的商业模式无须做较大的调整，但是如何依据细分市场特点做针对性调整和优化则是关键。在研究主流商业模式的时候，模仿者也可以实施反向学习，即市场领导者商业模式或行业内主流商业模式如何做，模仿者则反向设计商业模式，直接切割对市场领导者或行业内主流商业模式不满意的市场份额，并为他们打造相匹配的商业模式。

利用逆向思维方式学习商业模式有三个关键点：一是找到行业领导者或行业主流商业模式的核心点，并依据此制定逆向商业模式；二是企业在选择逆向制定商业模式时不能简单追求反向，需确保能够为消费者提供更高的价值，并能够塑造新的商业模式；三是防范行业领导者的报复行为，评估行业领导者可能的反制举措，并制定相应的措施。

商业模式就是一个企业如何赚钱的故事，与所有经典故事一样，商业模式的有效设计和运行需要人物、场景、动机、地点和情节，为了使商业模式的情节令人信服，人物必须被准确安排，人物的动机必须清晰，最重要的是情节必须充分展示新产品或服务是如何为顾客带来价值和利益，同时又是如何为企业创造利润。因此，设计好一个故事，才能更好地吸引更多的消费者，能吸引消费者的模式才是最好的商业模式。

情境二　创业营销与策划

6.3　STP 理论与方法

市场细分（Market Segmentation）的概念是美国营销学家温德尔·史密斯在1956年最早提出的，此后，美国营销学家菲利浦·科特勒进一步发展和完善了温德尔·史密斯的理论并最终形成了成熟的 STP 理论——市场细分（Segmentation）、目标市场选择（Targeting）和定位（Positioning）。它是战略营销的核心内容。STP 理论中的 S、T、P 分别是 Segmenting、Targeting、Positioning 三个英文单词的缩写，即市场细分、目标市场和市场定位。

STP 理论的根本要义在于选择确定目标消费者或客户，或称市场定位理论。根据 STP 理论，市场是一个综合体，是多层次、多元化的消费需求集合体，任何企业都无法满足所有的需求，企业应该根据消费者的不同需求、购买力等因素把市场分为由相似需求构成的消费群，即若干子市场。这就是市场细分。企业可以根据自身战略和产品情况从子市场中选取有一定规模和发展前景，并且符合公司的目标和能力的细分市场作为公司的目标市场。随后，企业需要将产品定位在目标消费者所偏好的位置上，并通过一系列营销活动向目标消费者传达这一定位信息，让他们注意到品牌，并感知到这就是他们所需要的。STP 理论是指企业在一定的市场细分的基础上，确定自己的目标市场，最后把产品或服务定位在目标市场中的确定位置上。具体而言，市场细分是指根据顾客需求上的差异把某个产品或服务的市场划分为一系列细分市场的过程。目标市场，是指企业从细分后的市场中选择出来的决定进入的细分市场，也是对企业最有利的市场组成部分。而市场定位就是在营销过程中把其产品或服务确定在目标市场中的一定位置上，即确定自己的产品或服务在目标市场上的竞争地位，也叫"竞争性定位"。

6.3.1 市场细分

市场细分将一个市场划分为界限清楚的几部分。一个细分市场由一组具有相似需要和欲望的消费者组成。营销者的任务在于识别细分市场的适当数量和性质，并决定以哪一个市场为目标。

我们用两组变量来细分消费者市场。一些研究者试图通过寻找地理、人口统计特征和心理统计这些描述性特征来确定细分市场，然后检验这些消费者细分市场是否呈现出不同的需要或产品反馈。其他研究者尝试通过寻找行为因素来确定细分市场，例如，消费者对商品的利益、使用场合或者品牌反应。研究者探究不同的特征是否和每一个消费者反应的细分相联系。无论采取哪种市场细分的方案，关键都在于能根据识别出的消费者差异对营销计划进行调整。

1. 消费品市场的细分标准

消费品市场的细分标准可以概括为地理因素、人口统计因素、心理因素和行为因素四个方面，每个方面又包括一系列的细分变量，见表 6-2。

表 6-2 消费品市场细分标准及变量一览表

细分标准	细分变量
地理因素	地理位置、城镇大小、地形、地貌、气候、交通状况、人口密集度等
人口统计因素	年龄、性别、职业、民族、宗教、教育、家庭教育、家庭生命周期等
心理因素	生活方式、购买动机、性格、态度等
行为因素	购买时间、数量、频率、习惯，对服务、价格、渠道、广告的敏感度等

(1) 按地理因素细分（Geographical segmentation）

按地理因素细分，就是按消费者所在的地理位置、地理环境等变量来细分市场。因为处在不同地理环境下的消费者，对于同一类产品往往会有不同的需要与偏好。例如，对自行车的选购，城市居民喜欢式样新颖的轻便车，而农村的居民注重坚固耐用的加重车等。因此，对消费品市场进行地理细分是非常必要的。

①地理位置。可以按照行政区划来进行细分，如在我国，可以划分为东北、华北、西北、西南、华东和华南几个地区；也可以按照地理区域来进行细分，如划分为省、自治区、市、县等，或内地、沿海、城市、农村等。在不同地区，消费者的需求显然存在较大差异。

②城镇大小。可划分为大城市、中等城市、小城市和乡镇。处在不同规模城镇的消费者，在消费结构方面存在较大差异。

③地形和气候。按地形可划分为平原、丘陵、山区、沙漠地带等；按气候可分为热带、亚热带、温带、寒带等。防暑降温、御寒保暖之类的消费品就可按不同的气候带来划分。如在我国北方，冬天气候寒冷干燥，加湿器很有市场；但在江南，由于空气中湿度大，基本上不存在对加湿器的需求。

(2) 按人口统计因素细分（Demographic segmentation）

按人口统计因素细分，就是按年龄、性别、职业、收入、家庭人口、家庭生命周期、民族、宗教、国籍等变量，将市场划分为不同的群体。由于人口变量比其他变量更容易测量，且适用范围比较广，因而人口变量一直是细分消费者市场的重要依据。

①年龄。不同年龄段的消费者，由于生理、性格、爱好、经济状况的不同，对消费品的需求往往存在很大的差异。因此，可按年龄将市场划分为许多各具特色的消费者群，如儿童市场、青年市场、中年市场、老年市场，等等。从事服装、食品、保健品、药品、健身器材、书刊等商品生产经营业务的企业，经常采用年龄变量来细分市场。

②性别。按性别可将市场划分为男性市场和女性市场。不少商品在用途上有明显的性别特征。如男装和女装、男表与女表。在购买行为、购买动机等方面，男女之间也有很大的差异，如妇女是服装、化妆品、节省劳动力的家庭用具、小包装食品等市场的主要购买者，男士则是香烟、饮料、体育用品等市场的主要购买者。美容美发、化妆品、珠宝首饰、服装等许多行业，长期以来按性别来细分市场。

③收入。收入的变化将直接影响消费者的需求欲望和支出模式。根据平均收入水平的高低，可将消费者划分为高收入、次高收入、中等收入、次低收入、低收入5个群体。收入高的消费者就比收入低的消费者购买更高价的产品，如钢琴、汽车、空调、豪华家具、珠宝首饰等；收入高的消费者一般喜欢到大百货公司或品牌专卖店购物，收入低的消费者则通常在住地附近的商店、仓储超市购物。因此，汽车、旅游、房地产等行业一般按收入变量细分市场。

④民族。世界上大部分国家都拥有多种民族，我国更是一个多民族的大家庭，除汉族外，还有55个少数民族。这些民族都各有自己的传统习俗、生活方式，从而呈现出各种不同的商品需求，如我国西北少数民族饮茶很多、回族不吃猪肉等。只有按民族这一细分变量

将市场进一步细分，才能满足各族人民的不同需求，并进一步扩大企业的产品市场。

⑤职业。不同职业的消费者，由于知识水平、工作条件和生活方式等不同，其消费需求存在很大的差异。如教师比较注重书籍、报刊方面的需求，文艺工作者则比较注重美容、服装等方面的需求。

⑥教育状况。受教育程度不同的消费者，在志趣、生活方式、文化素养、价值观念等方面都会有所不同，因而会影响他们的购买种类、购买行为、购买习惯。

⑦家庭人口。据此可分为单身家庭（1人）、单亲家庭（2人）、小家庭（2~4人）、大家庭（4人以上）。家庭人口数量不同，在住宅大小、家具、家用电器乃至日常消费品的包装大小等方面都会出现需求差异。

（3）按心理因素细分（Psychographic segmentation）

按心理因素细分，就是将消费者按其生活方式、性格、购买动机、态度等变量细分成不同的群体。

①生活方式。越来越多的企业，如服装、化妆品、家具、娱乐等行业，重视按人们的生活方式来细分市场。生活方式是人们工作、消费、娱乐的特定习惯和模式，不同的生活方式会产生不同的需求偏好，如"传统型""新潮型""节俭型""奢侈型"等。这种细分方法能显示出不同群体对同种商品在心理需求方面的差异性。如美国有的服装公司就把妇女划分为"朴素型妇女""时髦型妇女""男子气质型妇女"三种类型，分别为她们设计不同款式、颜色和质料的服装。

②性格。消费者的性格与对产品的喜爱程度有很大的影响。性格可以用外向与内向、乐观与悲观、自信、顺从、保守、激进、热情、老成等词句来描述。性格外向、容易感情冲动的消费者往往好表现自己，因而，他们喜欢购买能表现自己个性的产品；性格内向的消费者则喜欢大众化，往往购买比较平常的产品；富于创造性和冒险心理的消费者，则对新奇、刺激性强的商品特别感兴趣。

③购买动机，即按消费者追求的利益来进行细分。消费者对所购产品追求的利益主要有求实、求廉、求新、求美、求名、求安等，这些都可作为细分的变量。例如，有人购买服装为了遮体保暖，有人是为了美的追求，有人则为了体现自身的经济实力等。因此，企业可对市场按利益变量进行细分，确定目标市场。

（4）按行为因素细分（Behavioural segmentation）

按行为因素细分，就是按照消费者购买或使用某种商品的时间、购买数量、购买频率、对品牌的忠诚度等变量来细分市场。

①购买时间。许多产品的消费具有时间性，烟花爆竹的消费主要在春节期间，月饼的消费主要在中秋节以前，旅游点在旅游旺季生意最兴隆。因此，企业可以根据消费者产生需要、购买或使用产品的时间进行市场细分。如航空公司、旅行社在寒、暑假期间大做广告，实行优惠票价，以吸引师生乘坐飞机外出旅游；商家在酷热的夏季大做空调广告，以有效增加销量；双休日商店的营业额大增，而在元旦、春节期间，销售额则更大等。因此，企业可根据购买时间进行细分，在适当的时候加大促销力度，采取优惠价格，以促进产品的销售。

②购买数量。据此可分为大量用户、中量用户和少量用户。大量用户人数不一定多,但消费量大,许多企业以此为目标,反其道而行之也可取得成功。如文化用品大量使用者是知识分子和学生,化妆品大量使用者是青年妇女等。

③购买频率。据此可分为经常购买、一般购买、不常购买(潜在购买者)。如铅笔,小学生经常购买,高年级学生购买频率一般,而工人、农民则不常购买。

④购买习惯(对品牌忠诚度)。据此可将消费者划分为坚定品牌忠诚者、多品牌忠诚者、转移的忠诚者、无品牌忠诚者等。例如,有的消费者忠诚于某些产品,如海尔电器、中华牙膏等;有的消费者忠诚于某些服务,如东方航空公司、某某酒店或饭店等,或忠诚于某一个机构、某一项事业,等等。为此,企业必须辨别它的忠诚顾客及特征,以便更好地满足他们的需求,必要时给忠诚顾客以某种形式的回报或鼓励,如给予一定的折扣。

2. 生产资料市场的细分标准

上述消费品市场的细分标准有很多都适用于生产资料市场的细分,如地理环境、气候条件、交通运输、追求利益、对品牌的忠诚度等。但由于生产资料市场有它自身的特点,企业还应采用其他一些标准和变量来进行细分,最常用的有:最终用户要求、用户规模、用户地理位置等变量。

(1) 按用户的要求细分

产品用户的要求是生产资料市场细分常用的标准。不同的用户对同一产品有不同的需求。如晶体管厂可根据晶体管的用户不同将市场细分为军工市场、工业市场和商业市场,军工市场特别注重产品质量;工业用户要求有高质量的产品和服务;商业市场主要用于转卖,除要求保证质量外,还要求价格合理和交货及时;飞机制造公司对所需轮胎要求的安全性比一般汽车生产厂商要高许多;同是钢材,有的用于生产机器,有的用于造船,有的用于建筑等。因此,企业应针对不同用户的需求,提供不同的产品,设计不同的市场营销组合策略,以满足用户的不同要求。

(2) 按用户经营规模细分

用户经营规模也是细分生产资料市场的重要标准。用户经营规模决定其购买能力的大小。按用户经营规模划分,可分为大用户、中用户、小用户。大用户虽少,但其生产规模、购买数量大,注重质量、交货时间等;小客户数量多,分散面广,购买数量有限,注重信贷条件等。许多时候,和一个大客户的交易量相当于与许多小客户的交易量之和,失去一个大客户,往往会给企业造成严重的后果。因此,企业应按照用户经营规模建立相应联系机制和确定恰当的接待制度。

(3) 按用户的地理位置细分

每个国家或地区大都在一定程度上受自然资源、气候条件和历史传统等因素影响,形成若干工业区。例如,江浙两省的丝绸工业区,以山西为中心的煤炭工业区,东南沿海的加工工业区等。这就决定了生产资料市场往往比消费品市场在区域上更为集中,地理位置因此成为细分生产资料市场的重要标准。企业按用户的地理位置细分市场,选择客户较为集中的地区作为目标,有利于节省推销人员往返于不同客户之间的时间,而且可以合理规划运输路线,节约运输费用,也能更加充分地利用销售力量,降低推销成本。

以上从消费品市场和生产资料市场两方面介绍了具体的细分标准和变量。为了有效的市场细分,有这样几个问题应引起注意:

第一,动态性。细分的标准和变量不是固定不变的,如收入水平、城市大小、交通条件、年龄等,都会随着时间的推移而变化。因此,应树立动态观念,适时进行调整。

第二,适用性。市场细分的因素有很多,各企业的实际情况又各异,不同的企业在细分市场时采用的细分变量和标准不一定相同,究竟选择哪种变量,应视具体情况加以确定,切忌生搬硬套和盲目模仿。如牙膏可按购买动机细分市场,服装可按购买群体细分市场。

第三,组合性。要注意细分变量的综合运用。在实际营销活动中,一个理想的目标市场是有层次或交错地运用上述各种因素的组合来确定的。如化妆品的经营者将18~45岁的城市中青年职业女性确定为目标市场,就运用了四个变量:年龄、地理区域、性别、收入(职业女性)。

6.3.2 目标市场

选择目标市场包括比较不同细分市场的吸引力,然后选择最具吸引力的市场作为目标市场。即便某个细分市场具有一定规模和发展特征,并且结构也很有吸引力,创业者仍需将其自身的目标和资源与细分市场的情况结合在一起考虑。有些细分市场虽然有较大吸引力,但不符合创业者的长远目标,因此不得不放弃。细分市场一定要与创业者的目标相一致,才能选定目标市场。

就如何选择市场细分方案的有效性,在这里介绍一下市场细分过程的步骤,这是贝斯特建议的七步骤,见表6-3。

表6-3 市场细分步骤

步骤	描述
基于需要的细分	根据客户在解决特定消费问题时所追寻的相似的需要和利益,将顾客划分为不同的细分市场
细分市场的识别	对于每一个基于需要的市场细分,判断哪些人口统计特征、生活方式和使用行为使这个市场与众不同和易于识别
细分市场的吸引力	使用预先确定的市场细分吸引标准,判断每个细分市场的总体吸引力
细分市场的盈利性	判断细分市场的盈利性
细分市场的定位	针对每个细分市场,根据该细分市场独特的顾客需要和特征创造一个"价值主张"和产品价格定位策略
细分市场的"最后考验"	创造"细分市场的分镜头脚本"来检验每个细分市场定位战略的吸引力
营销组合战略	扩展细分市场定位战略包含营销组合的所有方面:产品、价格、促销和地点

决定一个市场或细分市场内在的长期吸引力的五种力量是：行业竞争对手、潜在加入者、替代品、购买者和供应者。这些力量构成的威胁如下：

细分市场激烈竞争的威胁。如果一个细分市场已经包含了无数强大或具有侵略性的竞争对手，它就不够有吸引力。如果市场停滞不前或者下降，如果工厂的生产能力必须大幅提高，如果固定成本和退出壁垒的成本很高，或者竞争者在该细分市场中占据重要位置，这个市场会没有吸引力。这些状况会导致频繁的价格战、广告战和新产品的引入，并将使竞争变得代价很高。

新加入者的威胁。最具吸引力的细分市场是进入壁垒很高而退出壁垒很低的市场。新的公司很难进入这个行业，而表现很差的公司却可以轻易除去。当进入壁垒和退出壁垒都很高的时候，潜在利润很高，但是公司必须面对更多的风险，因为，表现较差的公司仍在市场内挣扎。当进入壁垒和退出壁垒都很低的时候，公司可以轻易进入和离开该行业，回报很稳定但很低。最差的情况是进入壁垒很低而退出壁垒很高，公司在繁荣时期进入，但是发现想要在不景气的时候退出却很困难。结果就是市场慢慢超载，并最终降低了所有人的收入。航空业就是最典型的例子。

替代产品威胁。当一个产品有了实际或潜在的替代品时，这个市场就失去了吸引力。替代品为价格和利润带来了局限性。如果这些替代品行业技术提高或者竞争加剧的话，价格和利润很可能下降。

购买者议价能力提高的威胁。如果购买者拥有强大的或者不断提高的议价能力的话，这个细分市场就失去了吸引力。沃尔玛这样的零售巨鳄的崛起使一些分析师认为包装制品公司的潜在利润将会缩减。当购买者变得更加集中或有组织时，当该产品是其开支中一个重要部分时，当产品没有什么特点时，当购买者的品牌转化成本很低时，当购买者因为低利润而对价格敏感时，或者他们可以整合上游资源时，购买者的议价能力就会提高。为了保护自己，消费者可能会选择磋商能力或转变供应商能力最弱的购买者。一个更好的防御机制是开发更优越的供给，使强势的购买者不能拒绝。

供应商议价能力提高的威胁。如果公司的供应商可以随意提高或者减少供应量，这个市场就失去了吸引力，当供应商变得更加集中或有组织时，当他们可以整合下游资源时，当几乎没有替代品时，当供应的产品是一个重要的生产投入时，当转变供应商的成本很高时，供应商就会变得更加强势，最好的防御机制是和供应商建立一种双赢关系或者使用多种供应资源。

在评估不同的细分市场时，公司必须考虑两个方面的因素：细分市场的总体吸引力、公司的目标与资源。

1. 覆盖整个市场

覆盖整个市场时，公司试图用顾客所需的所有产品来服务于所有顾客群体。只有像微软（软件市场）、通用汽车（汽车市场）和可口可乐（软饮料市场）这样非常大的公司才可以使用覆盖整个市场的战略。大型公司可以通过两种方法覆盖整个市场：差异化市场营销和无差异化市场营销。

（1）无差异化市场营销

在无差异化市场营销或者大众营销中，公司忽略细分市场间的差异，仅用一种供给满足整个市场，它用一种优越的形象为产品设计营销计划，这种形象可以通过大规模营销和大众传播被最大数量的购买者所接受。当所有消费者有着几乎一致的偏好，而且市场没有表现出自然的细分时，无差异化市场营销最为合适。

（2）差异化市场营销

在差异化营销中，公司将不同的产品卖给市场中不同的细分市场。化妆品公司雅诗兰黛用不同的品牌来吸引不同品位的女性（和男性）：旗舰品牌，最老牌的雅诗兰黛，吸引较年长的消费者；倩碧则适合中年女性；魅可吸引年轻的潮人；艾凡达针对喜欢芳香疗法的人；而悦木之源则针对那些希望化妆品由天然元素组成的注重自然的消费者。

2. 多元细分市场

随着选择性专业化，公司会挑选所有可能细分市场的一个子集，每一个细分市场在客观上都是有吸引力和适当的。也许每个细分市场中存在很少的协同作用或者没有协同作用，但是在每一个细分市场都有望获利。其中超级细分市场是这样一组市场：它们共享一些可利用的相似点。例如，很多交响乐团将目标定位于有着广泛文化兴趣的人，而不仅仅是那些经常参加音乐会的人。公司也可以尝试通过产品或者市场专门化来获得一些协同作用。

3. 专注于单一细分市场

采用专注于单一细分市场策略的公司只向一个专门的细分市场进行营销。例如，保时捷专注于跑车市场，而大众专注于小型轿车市场——它进入大型车市场的尝试，伴随着Phaeton在美国的失败而失败。公司可以深入了解细分市场的需要，并建立牢固的市场地位。公司可以通过生产、分销和推广的专门化获得一种经营协同效应。

利基市场是一个定义更狭小的顾客群体，他们在细分市场中寻求与众不同的利益组合。营销者通常通过将细分市场划分为次级细分市场来确认利基市场。利基市场营销旨在较好地理解顾客需要，从而让顾客愿意支付高额的价钱。一个有吸引力的利基市场是什么样的？顾客往往有一些与众不同的需要；他们愿意支付额外费用给那些最能满足他们的公司；利基市场相当小但要有一定规模、利润和增长潜力，并且不太可能吸引很多竞争对手；利基市场通过专门化获得一定的规模经济。当营销效率增长时，看起来似乎很小的利基市场也变得更具盈利潜力。

6.3.3 市场定位

市场定位（marketing positioning）也称作"营销定位"，是市场营销工作者用以在目标市场（此处目标市场指该市场上的客户和潜在客户）的心目中塑造产品、品牌或组织的形象或个性（identity）的营销技术。企业根据竞争者现有产品在市场上所处的位置，针对消费者或用户对该产品某种特征或属性的重视程度，强有力地塑造出本企业产品与众不同的、给人鲜明印象的个性或形象，并把这种形象生动地传递给顾客，从而使该产品在市场上确定适当的位置。

市场定位并不是你对一件产品本身做些什么,而是你在潜在消费者的心目中做些什么。市场定位的实质是使本企业与其他企业严格区分开来,使顾客明显感觉和认识到这种差别,从而在顾客心目中占有特殊的位置。市场定位的目的是使企业的产品和形象在目标顾客的心理上占据一个独特、有价值的位置。

市场定位可分为对现有产品的再定位和对潜在产品的预定位。对现有产品的再定位可能导致产品名称、价格和包装的改变,但是这些外表变化的目的是保证产品在潜在消费者的心目中留下值得购买的形象。对潜在产品的预定位,要求营销者必须从零开始,使产品特色确实符合所选择的目标市场。

市场定位应在这几个方面展开:第一是产品定位,侧重于产品实体定位质量、成本、特征、性能、可靠性、实用性、款式等。第二是企业定位,即企业形象塑造品牌、员工能力、知识、言表、可信度。第三是竞争定位,确定企业相对于竞争者的市场位置,如七喜汽水在广告中称它是"非可乐"饮料,暗示其他可乐饮料中含有咖啡因,对消费者健康有害。第四是消费者定位,确定企业的目标顾客群。

一旦企业以某种方式进行市场定位后,必须能够坚持到底,实现最初的梦想。然而,若顾客试用了企业的产品或服务后不甚满意的话,没有完全进行市场定位则是有益的,因为这样还有调整的余地。

情境三　创业计划书

6.4　创业计划书的目的及用途

创业计划书或者商业计划书,是公司、企业、创业者或项目单位为实现招商、融资或其他发展目标,按照一定格式和内容编写的反映公司或者项目现状及未来发展潜力的书面材料,是公司获得投资、贷款及合作的关键。撰写创业计划书有两个主要的目的。

首先,撰写创业计划书可以迫使创业者系统地思考新创业的各个因素。这并不是微不足道的工作,通常需要花上数日或者数个星期才能完善一份精心设计的创业计划书。撰写创业计划书也是一个需要全身心投入的过程,许多创业者会工作到深夜,甚至牺牲周末时间才能完成这项工作。在创立企业之前创业者可以通过创业计划书梳理自己的思路,促使团队一起努力工作,全力以赴解决创业过程中的各个细节问题。很多人都有这样的感受,自认为自己想清楚了,写出来不一定清楚;觉得写清楚了,讲出来不一定清楚。创业也是这样,一旦将计划写到纸上,那些希望改变世界的天真想法就会变成实实在在且冲突不断的东西。

其次,创业计划书是企业的推销性文本。因为商业计划书可以为那些年轻的公司向投资者、商业加速器和孵化器、供应商、潜在的合作伙伴及其他人士提供一种展现自我的途径。投资者对正式创业计划书的依赖性并不相同。最初,许多创业者只是要求提供一份方案概要，有一两页关于创业计划的简要说明即可，或者他们要求提供简要的 PPT 文档。但是当商谈进入最后阶段，投资者要做出某种承诺时，在多数情况下，创业计划书是必不可少的东西。

在实际中，创业者会更加重视创业计划书的推销，结果经常会为了获得一份漂亮的创业计划书而撰写它，并不是自己使用。这是本末倒置的行为，也容易产生欺骗。这样做即使能够融到资金，也难以很好地利用资金，结果对创业不利。一份好的创业计划书不能保证创业一定成功，但是却可以提高创业成功的概率。创业是一个旅程，一个不熟悉且充满风险的旅程，创业计划书更像是一个路线图，当然这个路线图必须是正确的。

创业计划书有两类基本的读者，分别是企业雇员和投资者、其他外部利益相关者。

1. 企业雇员

一份清晰的书面创业计划书，对企业的远景和未来计划都做出了陈述，所以无论是对管理团队还是对普通员工，都十分重要。在制定创业计划书的过程中，大家共同致力于完成该项目，也有益于形成一支强大的、充满凝聚力的团队。同时，这一过程还可以发现团队中潜在的问题。如果团队中某位成员不能做到或者不愿意一起制定创业计划书，那么一旦企业创办成功后，团队成员也不可能成功地一起创业。一份清晰的创业计划书还可以使普通员工保持配合一致的运作过程，保持员工统一的、有目的的行动方向。创业计划书对那些地理位置上分散的企业员工特别有用。它让员工对所做的每项工作变得更加有信心，或者认为创业者所做的一切能够和总体计划保持一致，和企业成长的方向保持一致。

2. 投资者和其他外部利益相关者

外部利益相关者包括投资者、潜在的商业合作伙伴、潜在的顾客、私营或者政府大型融资机构、本公司的关键员工等。为了迎合这类群体的读者，创业计划书必须实事求是，不能盲目自信。创业计划书应当清楚地展现出商业创意切实可行，能够带给潜在投资者比选择其他低风险的投资方案更加丰富的利润回报。对于其他潜在的商业合作伙伴、顾客等利益相关者来说，这一点同样应符合事实。除非创业计划书能够表明它有很显著的潜在利益，否则就没有说服力让任何人涉入其中。

6.5 创业计划书的内容及要求

6.5.1 创业计划书的基本框架

一份完整的创业计划书包含如下几个方面：

封面页（包括公司名称、地址以及主要联系人姓名、联系方式）；目录表（概括了创业计划书的各主要部分）；概要及计划书的各个主要部分（每个部分都应清楚地列出标题并要易于识别）；附录（例如，详细的财务计划、公司创始人和核心员工的完整简历附在正文后面，经常是分开单独装订）。

一份有效的创业计划书，应该尽可能地简短明了，一般情况下不要超过 50 页。创业计划书的主要目标是，以清楚的方式解答新技术或产品开发的相关问题。而且，那些阅读创业计划的人，工作繁忙并且经验丰富，很清楚如何识别创业计划所涉及的核心问题。创业计划书看上去应该是一份商业文件，而不应使用太过艳丽的图例，或过分夸张的文字描述。创业计划是创业者留给风险投资家、银行家，以及其他可能给予创业企业支持的人的第一印象，应该以十分认真负责的态度来编写，同时要睿智地展示创业企业的价值和优势。

创业计划书的主要内容随着撰写人的不同或者行业不同而有很大差异。尽管如此，人们普遍认为，创业计划书应该包含一些基本内容，便于投资人及其他相关人员了解企业的关键问题。

例如，新产品或服务的基本价值是什么？为什么这是一个有价值的创业机会？新产品或服务要卖给谁？如何开发、生产、销售新产品或服务？应对现存和未来竞争的总体计划是什么？创业者是谁？他们拥有经营企业所需的知识、经验和技能吗？如果创业计划书是为了筹资，那么需要筹集多少资金，需要何种融资方式，资金如何使用，创业者和投资人如何实现投资收益呢？

这些问题都是投资人最感兴趣的核心问题，也是创业者在创业过程中必须直接面对的问题。一份精心准备的创业计划书要回答所有这些问题，而且要以有序、简明、具有说服力的方式回答这些问题。要知道，风险投资人每年要看成百上千份创业计划，但绝大多数创业计划在几分钟之内，就被那些经验丰富的风险投资人给拒绝了。作为一个创业者，要尽全力做好这些最重要的事情，以确保你的创业计划成为能得到风险投资人更多眷顾的少数计划之一。

6.5.2 创业计划书的核心内容

（1）封面与目录

封面应包括企业名称、地址、电子邮件地址、电话号码（座机与手机）、日期、主创业者的联系方式以及企业网址。这些信息集中于封面的上半部分。封底部应该有一句话，提醒读者对计划书的内容保密。如果企业已经有徽标或商标，就把它置于封面页正中间。

如果已经有产品或服务的设计简图或照片，且比较美观的话，可将图片印在封面上。有时可以利用图片库中的图片，许多网站提供图片下载。封面上最重要的一项是计划书撰写者的联系方式，应该让计划书的读者能够轻松联系到你。

目录紧接封面页后，列出计划书的主要章节、附录和对应页码，目的是便于查找计划书的内容。有些计划书相关页上还贴上标签，更方便直接查找章节。设计仔细的目录表能让读者注意到创业者想强调的内容。

（2）执行摘要

执行摘要是创业计划书的第一项内容，是整个创业计划书的概述，能让忙碌的读者迅速对新创企业有个全面的了解。许多时候投资者先看执行摘要，觉得不错，才会愿意看完整个创业计划书。由此可见，执行摘要是创业计划书中最重要的部分。如果执行摘要不能引起读者的兴趣，读者不太可能继续阅读创业计划书。

撰写执行摘要时最重要的一点是：它不是创业计划书的引言或前言，而是对整个创业计划书的概括。投资者和其他利益相关者阅读完执行摘要后应该对整个计划有较好的了解。

执行摘要是一种简短而热情洋溢的陈述，人们把它的作用比拟为"电梯推销"，即要求在很短时间内激起别人的兴趣，并使他们的兴趣足够浓厚以至想知道更多的信息。也就是说，摘要应该对上述所有列出的关键问题给予简短回答，即说明解决了哪些未解决的问题，或者机会的优势在哪，以及本企业为什么可能会成功，一般篇幅控制在1~2页。

执行摘要这部分内容的撰写要非常仔细和深思熟虑，其中的每句话甚至每个词都不仅要传达丰富的信息，更要传递创业者的兴奋与激情。既要介绍足够多的信息以对新企业有一个清晰的图景描绘，又要十分简洁。优秀的执行摘要要能在第一时间吸引住别人的眼球，而粗糙的执行摘要一般很难简洁地说明企业的价值。

(3) 企业描述

创业计划书的主体部分从企业描述开始。虽然这部分看似没其他部分关键，其实并非如此。本部分能体现创业者是否善于将抽象的创意转变成具体的企业。因此，有许多需要深思熟虑、认真计划的问题，如企业使命和企业法律地位等。企业描述应该从简介开始，先介绍企业概况和创业原因，以及一些基本信息，包括创业者姓名、企业总部地址、创业领袖联系方式等。

创业者准备撰写计划书时有两点需要注意。第一，计划书的核心问题是描述商业机会，创业者将如何利用机会，以及企业打算如何向顾客传输价值理念，如何展开竞争与盈利。这个写作主线在计划书中应该非常明显。如果计划书描述不连贯，或者整个计划书只是一些零散资料的大杂烩，这份计划书就是无效的。第二，要用事实与调研支持你的假设，才能获得读者的信任。

(4) 使命陈述

使命陈述是指企业存在的理由及立志要成为什么样的企业。合适的使命陈述能指明企业道路、能成为企业财务与道德指南。创业计划书中合适的使命陈述表明企业目标明确，且创业者对此理解深刻、清晰。见表6-4。

陈述企业使命时有个诀窍，用尽可能少的字数说清楚企业使命。简短的使命陈述比长的易记，也更实用。此外，使命陈述不能光是空话，而应该是企业成长背后的驱动性力量，是企业的一项重大决策。网络等资源中有很多关于如何写好企业使命的建议，下面举几点原则，使命陈述应该：

不可能是缩减版企业概况；说明本企业的独特之处；诚实——不可夸大其词；充满激情，让读者印象深刻；说明企业"存在的理由"；充满挑战和冒险精神，同时又现实可行；使用最能够反映本企业文化的语气；与企业所有的利益相关者都有关；是整个团队的智慧结晶。

表6-4 使命陈述的例子

企业	使命陈述
脸书（Facebook）	让世界更加放开，更加互联
星巴克（Starbucks）	激发并孕育人文精神——每人、每杯、每个社区
新百伦（New Balance）	以团队合作、全方位顾客满意和真诚为核心价值观，形成内外部良好关系，缔造全球领先的运动用品制造商
亚马逊（Amazon.com）	全力成为全球最以顾客为中心的公司，主要为四类顾客服务：卖家、买家、企业与内容制造商
推特（Twitter）	无论您身在何处，让我立刻告诉您最重要的信息

（5）产品/服务

本部分应该对企业产品/服务做出详细解释，包括描述产品/服务的独特之处以及其市场定位。产品/服务的定位是指根据市场同类产品的竞争状况，确定自己产品在市场中的位置。

之前的可行性分析结果最适合在产品/服务描述中汇总报告。应该在本部分报告理念测试和购买意愿调查的结果，这样才能让读者了解产品/服务创意和产品定位策略的形成过程。

创业者要解释清楚产品/服务的专利性质以及自己对知识产权的保护情况。如果你的产品或商业创意可获专利，那你至少应该提出临时专利申请，以获得一年的"临时专利保护"。如果你的产品/服务没有可获取专利之处，就简单解释你将采取什么措施构建进入壁垒，以避免自己的创意很快被模仿复制。没有足够的进入壁垒，实力较强的竞争者很容易就能复制你的做法。上述问题非常重要。理性的读者会认识到如果没有知识产权保护的话，你的产品/服务创意可能被实力强的竞争者复制。你的商业计划能否得到信任就在于这个关键问题。如果你对这个问题避而不谈没准会失去读者的信任。读者清楚缺乏进入壁垒将是企业面临的重大问题，他们也会注意到你在逃避这个问题。而如果直面问题，并做出合理解释，或者直接说无法构建进入壁垒是本企业面临的主要风险，那将得到读者的信任。

（6）现状

"现状"这一部分中应该写企业发展的历程。比较好的方法是以重大事项为主线来写。如果已经选好并注册了公司名称、完成了可行性分析、写好了创业计划书，并创建了法人实体，那么几项大事已经完成。所有类似的已完成或待完成事项都要提及。

本部分有三个重要问题，当前企业管理团队构成、消费者对企业产品/服务的最初反应、企业财务状况。在管理团队方面，如果企业处于初创期，成员只有创业者自己或几个人，这没关系，但创业者应该提出人员配置计划。如果已经完成可行性分析或正在组建顾问委员会，也提出来。在产品/服务方面，如果已经完成可行性分析并得到了消费者反馈，就应该把调查结果汇总，指出消费者对产品创意的反应及其可行性。如果创业者参加过贸易会展、收集了反馈信息，也将结果汇总报告。

最后，在财务状况方面，读者想知道本企业当前的融资情况、企业是否有债务或是否已转让部分股权。如果企业正在寻找资金，就简单说明所需资金量及用途。在计划书"融资计划"栏中可对这几点进行细述。

项目七　创业融资

情景一　认识创业融资的内涵

7.1　创业融资的内涵

7.1.1　创业融资的困难

创业者面临的最大问题是什么？广州青年企业家协会2004年的一项专题调查显示：45％的被调查者认为创业遇到的最大问题是"缺乏资金"，32％的人认为"缺乏项目"。

创业企业缺少甚至没有资产，无法进行抵押。

创业企业没有可参考的经营情况。可口可乐公司即使在一夜之间倒闭，也能让公司在一夜之间再建立起来。

创业企业的融资规模相对较小。从贷款规模比较，对中小企业贷款的管理成本平均为大型企业的5倍左右。

对于创业融资困难的理论解释：

不确定性。从创业活动本身来看，面临非常大的不确定性。创业企业的不确定性比既有企业的不确定性要高得多，创业企业缺少既有企业所具备的应付环境不确定性的经验，尚未发展出以组织形式显现出来的组织竞争能力。

信息不对称。与创业者相比，投资者则处于相对信息劣势的地位。投资前的信息不对称可能导致逆向选择，投资后的不对称则与道德风险有关。

7.1.2　创业融资的原则

为了保证融资的顺利进行，维护融资各方的利益，创业企业在融资过程中必须遵守一定的原则。

第一，互利性原则。融资的双方要互利互让，但这种原则不是平均分配利益。各方的利益要通过协议或者股份来确定，这样才能保证双方资金的顺利融通。

万元。对于个别的重大项目，可以不超过 200 万元。

（2）无偿资助

这种基金补贴方式主要用于中小企业的技术创新中对于产品的研究、开发以及测试阶段的补贴，或者是科研人员携带一些科技成果来创办企业，进行成果转化给予补助，这种资助额一般不会超过 100 万元。

（3）资本金投入

对于少数起点很高，具有较高创新水平，以及后续创新潜力的新兴的产业项目，可以采用资本金投入的方式。

（4）创业基金

针对特殊人群设立的资金，它会结合各地的实际情况，用于鼓励创业的支持资金，这些群体大多数具有强烈的创业愿望。例如，高校的毕业生群体、留学生创业群体、下岗职工、待业青年、返乡农民工、妇女，等等，会针对这些群体设立专门的基金。

7.2.2 债券融资

债券融资，就是指企业以一定条件向资金供给者借钱，到期偿还本金和利息的融资方式。债券融资就是不卖出自己的股权，投资人不做创业者的合伙人或者股东，而只借款给创业者，并收取一定的利息。

1. 向家人及亲朋好友借款

新创立的企业早期所需的资金具有高度的不确定性，且需求量较少，除了创业者本人外，家人和朋友的借款就是最为常见的资金来源。他们之间有一定的亲情、友情关系，更容易建立信赖感。

当然，创业者也应该全面考虑投资的正面、负面影响及其风险性，以公事公办的态度将家人或朋友的借款与其他投资者的资金同等对待。任何借款都要明确规定利率以及本息的偿还计划，对所有融资的细节都需达成协议。

2. 银行贷款

银行贷款被誉为创业融资的"蓄水池"，由于银行财力雄厚，而且大多具有政府背景，因此，在创业者中很有"群众基础"。银行贷款有以下五种形式：

（1）担保贷款

担保贷款是指以担保人的信用为担保而发放的贷款。随着国内中小企业信用担保体系的建立和完善，目前，各地均有专业化的信用担保机构。如果创业者缺乏合格的抵押物品，就可以向担保公司申请担保贷款。

（2）质押贷款

质押贷款是指以借款人或第三人的动产或权利作为质物发放的贷款。创业者可用自己甚至亲朋好友未到期的存单、国债、国库券及人寿保险单等作为抵押物，从银行获取有价证券面值80%～90%的贷款。与抵押贷款相比，质押转移了借款人或第三方提供的财产的占有现状，移交银行占有。

（3）抵押贷款

抵押贷款是指按照担保法规定的抵押方式，以借款人或第三人的财产作为抵押物发放的贷款。办理抵押贷款时，应有银行保管抵押物的有关产权证明，贷款金额一般不超过抵押物评估价的70%，最高限额为30万元。

（4）贴现贷款

贴现贷款是指借款人在急需资金时，以未到期的票据向银行申请贴现而融通资金的贷款方式。贴现贷款具有流动性高、安全性大、自偿性强、用途确定、信用关系简单等特点。贴现贷款与质押贷款的区别是：贴现是由银行购买借款人的未到期票据，而质押则是转移了财产的占有权。

（5）信用贷款

信用贷款是指银行仅凭对借款人资信的信任而发放的贷款。借款人无需向银行提供抵押物或担保。相对抵押货款而言，信用贷款更加便捷和人性化，没有抵押，手续便捷，借款人的门槛也比较低，只要工作稳定，缴费记录良好就能获得贷款。目前，国内信用贷款还不多，但银行对于信用卡持卡人已经有很多信用记录，信用贷款也将成为今后的发展趋势。

7.2.3 股权融资

股权融资包括创业者自己出资、争取国家财政投资、与其他企业合资、吸引投资基金投资及公开向社会募集发行股票等。自己出资是股权融资的最初阶段，发行股票是最高阶段。下面主要对创业资本融资、天使融资和私募股权投资等融资方式进行介绍。

1. 创业资本融资

创业资本在我国又被称为"风险资本"或"风险投资"，是由创业资本家出资，投入拟创立的新企业或刚刚诞生的新创企业，既赋予极大希望得到高回报又承担风险的一种权益资本。

"风险投资"的本质内涵是向创业项目或新创企业提供资本支持，并通过资本经营服务等一系列的服务后，帮助创业者完成创业过程后即退出投资，在退出之时一般希望获得高额的回报，但同时也在这一过程中承担巨大的风险。风险投资的特点：高度风险性、超额回报率、权益性投资、投资中长期性、投资者积极参与、投资专业化。

2. 天使投资

天使投资是自由投资者或非正式风险投资机构对原创项目构思或小型初创企业进行的一次性的前期投资。天使融资并非单独的融资渠道，而是风险投资家族中的一员，与常规意义上的风险投资的主要区别在于，天使投资者大多在申请天使投资的人士具有明确市场计划时就已经开始投资了，而这些市场计划或想法暂时不为风险投资公司所接受。

情境三　创业融资决策

7.3　创业融资——融资决策

做好融资决策，有助于提高融资的成功率。融资决策，其实就是创业者在面对多种融资方式和资金来源时如何选择的问题。不同的投资渠道和资金来源具有不同的特点，创业者选择时需要考虑这些特点，并结合企业自身的发展状况和对资金的需求特点来选择合适的融资方式。在满足基本融资需求的情况下，在选择融资方式时需要考虑的因素主要包括四个方面：融资成本、融资风险、融资机动性、融资方便性。

1. 融资成本

企业在考虑融资方式的时候，首先考虑的应该是融资成本，任何资金的使用和获取都是有成本的。融资成本是指企业使用资金的代价，也就是企业向提供资金的机构或者他人（也包括自己）所支付的报酬。例如，债务融资的成本就是使用债务资金所需支付的利息，一般需要考虑支付周期、支付金额以及偿还的便利性。因此，在使用债务融资时，需要体现各种融资渠道之间的取长补短，将具体的债务融资搭配使用，最大限度地控制资金使用成本。在股权融资中，股权的出让成本是很难估算的。

融资成本会关系到在实际中融得资金的数额、企业经营成本和利润，最终会影响到企业的经济效益。过高的融资成本对创业企业来说是一种沉重的负担，会抵消创业企业的成长效益。即使初创期的资金很难获得，但是创业企业仍要选择一种比较低的综合的融资成本组合，在投资收益率和成本之间做出恰当的选择。

影响融资成本的因素主要有：利率、使用的期限、企业的盈利水平和稳定性、以及证券发行的价格，等等。各种融资方式的融资成本从低到高排序，成本最低的是政策性融资，其次是商业信用融资、票据贴现、银行贷款、债券融资、典当融资、股权融资，等等。如图7－1所示。

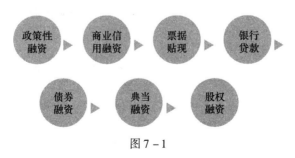

图7－1

2. 融资风险

企业在考虑融资方式的时候还要考虑融资风险，企业对外融资都会面临风险，特别是借款，当出现收益不足以偿还债务的时候，企业将会陷入巨大的危机当中。在其他情况相同的时候，企业负债比率越高，企业面临的风险也就越大。各种融资方式还本付息风险从小到大依次排序，股权出让的融资方式风险最小，接下来依次是商业信用、票据贴现、发行债券、银行贷款等。如图7-2所示。

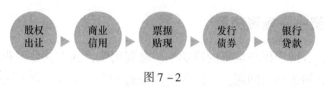

图7-2

3. 融资的机动性

融资的机动性也是企业在融资时候应该考虑的因素，融资的机动性是指能否及时获得和提前偿还成本及利息。融资的机动性需要考虑：创业在需要融资的时候能否及时获得，不需要的时候能否及时偿还，提前偿还资金是否会给企业带来损失。各种融资方式的机动性，从优到差进行排序，内部融资的机动性是最好的，接下来是票据贴现、商业信用、银行贷款、债券、典当、股权出让。如图7-3所示。

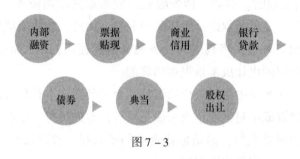

图7-3

4. 融资的方便程度

企业在考虑融资方式的时候还要考虑融资的方便程度，融资的方便程度主要考虑两个方面的内容：一方面是企业有没有自主权通过某种融资方式获得资金，以及自主权的大小；另外一方面是借款人愿不愿意来提供资金以及提供资金的条件是不是苛刻，手续是不是烦琐，融资方式的方便程度从易到难也可以有个排序，内部融资的融资方式最容易实现，其次是商业信用、票据贴现、股权、银行贷款、债券。如图7-4所示。

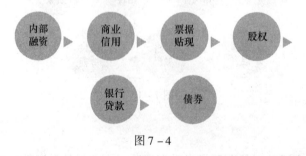

图7-4

除了上述四种因素之外，融资渠道的选择还需要考虑到资金供给方和初创企业自身的特点，在资金供给方上，我们需要了解、搜集各种潜在资金提供方的基本情况。对融资的可能性进行分类排序，排出谁最可能提供资金、可能提供资金的企业和不可能提供资金的企业，由此企业才可以有的放矢地进行融资的准备。

项目八　创业游戏环节

【游戏1】

集体按摩舞

游戏类型：破冰/情绪控制/团队凝聚力
活动形式：分组进行，人数越多效果越好
所需时间：10分钟至15分钟
场地需求：宽敞的会场或者户外
所需材料：几首节奏欢快的舞曲
活动目的：
①通过身体接触，使人们发笑，从而创造融洽欢快的氛围。
②激发活力，改变听众的生理状态，使其情绪兴奋，对课程充满期待。
③在短时间内提升培训师的亲和力，拉近与听众之间的心理距离。
操作步骤：
①老师告诉大家：为了让学习的过程充满乐趣，而又能始终精神饱满，下面请所有人一起来玩儿一个集体按摩的游戏。
②这时候音乐放起来，请大家全体起立、出列、向右转。每列站在最前面的人，一起拍手。后面的人依次把手放到前面人的太阳穴上，开始按摩。
③按摩的顺序依次为太阳穴、耳朵、肩膀、背部、腰部、臀部、大腿、小腿。
④全部按摩完毕后，培训师说："付出会有回报。"然后请所有人向后转，将第一遍的按摩再依次做一遍。
⑤在按摩的过程中，大家听老师的口令，按顺序进行。
提示：
①这是一个肯定会有轰动效果的游戏，为了取得最佳效果，培训师应以幽默的风格主持整个过程。对于像按摩腰部、臀部和耳朵等敏感的地方，我们打赌会听到人们的笑声和尖叫声。
②如果学员之间彼此是陌生的，可能在最开始时参与性不高，彼此显得有些羞涩，这很正常。培训师应以幽默、富有感染力的语言调动大家的参与性，并减少敏感部位的按摩。
③如果培训项目长达一天或者几天，不妨每次课程开始之前都进行一次集体按摩。并且可以逐步增加一些敏感部位（但不可过度）的按摩。

④在按摩过程中，培训师还可以让大家问一下前面的人："舒服吗？""我的服务你满意吗？"这些话可以进一步鼓舞人们的情绪。

⑤在本游戏中音乐的配合很重要。可以挑选一些节奏快的歌曲作为背景音乐，但不要选择过于激烈的摇滚乐和舞曲。

【游戏2】

左手和右手

游戏名称：抓逃手指

游戏类型：注意力训练

游戏时间：10分钟

游戏目的：融洽氛围、培养注意力、培养探究问题的动力

操作步骤：

①请大家将右手掌心向下，左手食指垂直向上，相邻者左右手连为一线。

②请学生听到老师接下来讲述的一段故事中出现"YU与WU"两个拼音的字时则迅速用右手抓握下面右边同学的食指，同时，将自己顶在相邻左边同学掌心的左手食指逃脱。不要被右侧的人抓住，被抓住的人出局，然后游戏继续进行，直到剩最后一个人。

③邀请所有人按以上规则做好准备。

④讲述故事《乌鸦和乌龟》：

森林里有一个小小的城堡，里面住着可怕的巫婆和她的仆人乌鸦。突然有一天，天上慢慢飘来一片片乌云，转眼间就乌黑乌黑的，什么也看不见，不一会儿就下起了大雨。在狂风暴雨中，巫婆听到有人在敲门，开门一看，原来是一只乌龟，还有一只乌贼。它们要求巫婆让它们进屋。巫婆同意了，可是乌鸦不同意，它和乌龟是多年的宿敌。雨越下越大，大家也越吵越凶，乌贼指着乌云对巫婆说："雨这么大，乌鸦却不让我们进去，我和乌龟都会生病的，再不开门，我一定会让你的城堡变得乌烟瘴气。"最后，巫婆还是没有给它们开门。没多久，雨停了，太阳出来了，乌云也散了，巫婆和乌鸦这才打开门，看见乌龟已经冻得缩成一团。

提示：

①专注地听别人说话才能听得清楚，行动才能果断、敏捷。

②过分担心失败反而更容易做错。

③很容易受旁边同学的影响，所以做判断时保持独立清醒的头脑也是重要的。

【游戏3】

八仙过海

游戏类型：创造力与团队游戏

活动形式：全体参与

所需时间：10分钟到15分钟

场地要求：宽敞的室内或者户外

所需材料：无

游戏目的：

①通过紧张刺激、趣味十足、挑战性极强的活动，激发听众的创造力。

②极大地活跃现场气氛，激发听众活力，使大家保持良好的学习状态。

操作步骤：

①告诉大家，下面要玩一个激发创造力的游戏。

②所有的人站到屋子的一侧，大家要做的就是从屋子的这侧到达屋子的另外一侧。

③规则只有一条：你不许和别人的方法重复。

④为了加强大家的理解，老师可以现场示范：比如，我现在走过来了，你们就不可以再使用这个方法，你们可以跳过来或者跑过来，当跑和跳都用过之后，其他人继续时要用新的方法。

⑤问大家明白了没有，然后宣布游戏开始。

⑥等所有的人过来以后，再要求他们回去，规则不变。

⑦大家围坐在一起，分享体会与心得。

提示：

①此游戏除了用作激发创造力主题外，还可以用作团队建设主题的课程。

②在团队建设主题课程中，规则稍微有些改变：在游戏开始的时候，要求大家不许交流；要求大家往返通过多次；在通过多次的过程中，不断缩短所有人必须通过的时间。如此调整后，最终听众会自动结合在一起，改变独自应对的局面，因为大家发现借助"团队的力量"可以轻松地无限多次通过考验。

相关讨论：

①你认为达成同样一个结果，方法有多少种？

②当你独自面对时，你是否感到了不断增强的压力？尤其是当别人都过去，而自己还没有过去的时候？

③如果不是有人第一个想到了团队，你认为自己最终会想到吗？

④与个人相比，团队的力量体现在何处？

⑤如果让你通过无限多次，你可以吗？你是否创造性地找到了游戏的秘籍？

【游戏4】

商业模式

适用人群：创业者或准创业者

游戏人数：一人或团队一起玩

设计思想：创业公司一定要尽快赚钱

游戏工具：彩色贴纸，铅笔

游戏流程：

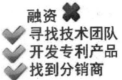

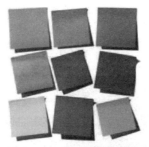

准备一叠彩色贴纸，按要求逐页填写。

提示：这个游戏需要头脑风暴，鼓励以发散性思维来回答问题。

头脑风暴，尽可能多地列出你的答案。

答案提示：忌用抽象名词，如"客户"或"高消费人群"之类，尽量用具体名词，如"家庭妇女""企业白领""大学生""大小型出口贸易公司""餐饮联锁店"等。

提示：

①只写你的直接收费的用户。如果你做收费订餐服务，就可能会有以下两种情形：a. 客人在餐厅消费以后，餐厅给你提成，那你的用户就是餐厅。b. 你从客人处收取餐费，扣去提成后把余钱给餐厅，那你的用户就是吃客。

②如果你有不同用户，比如，你做快递业务，你的用户有企业和个人，你可将企业、个人列为你的两种不同用户。

③如果你的业务"免费",而且永远免费,请停止游戏,如果现在免费,将来会收费,请写明将来的付费用户。

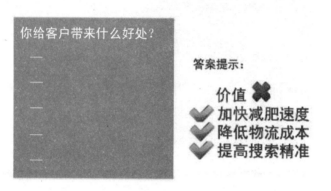

提示:尤其应该多思考你和竞争对手不一样的方面。

提示:这个问题的本质是你通过具体哪些方法做营销推广。

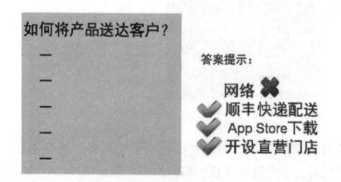

提示:前一个问题是客户如何知道你,但知道你并不等于会买你的产品或服务;而这个问题是如果用户付钱下单,他们如何拿到购买的产品或服务,问题的本质是"渠道"。

提示：写入你从现在开始，到证实你商业模式成功时（业务相对稳定、收支持平、略有利润）所必须完成的主要事项。

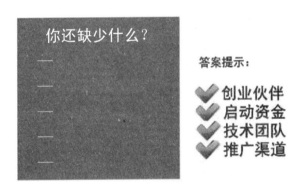

提示：这个你最清楚，创业公司里困难重重（同样指从现在开始，到你业务相对稳定、收支持平、略有利润时所缺少的东西）。

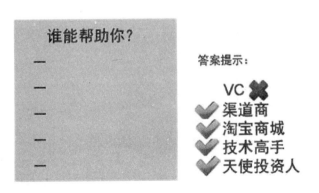

提示：不要写投资公司，创业中很多东西不是钱可以解决的，要分析除钱以外的业务伙伴（时间跨度同前）。

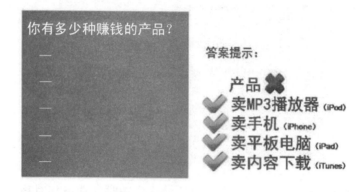

提示：你有多少种产品或产品线？看看苹果公司就应该能明白。

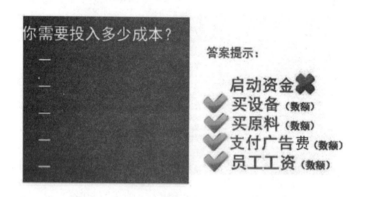

提示：列出投入大项的数额，再合计成总数（时间跨度同前）。

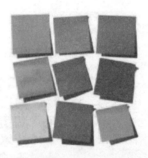

提示：可以中场休息，喝杯茶，上一下洗手间……

请将每一页上的项目按重要性程度1、2、3、4、5……排序。

提示：回到问题的第一页，将各项目按重要性程度排序，1、2、3、4……

请将每一页上的标为"1"的项目，单独写在淡黄色贴纸上。

提示：注意，只写重要级为"1"的，一条即可。

1. 排队，仔细研究淡黄色纸上的重要点之间的互相联系。
2. 根据淡黄色纸上的含义，用一句话总结出你的商业模式。

提示：现在我们把你商业模式中"最重要的"因素都提炼出来了。仔细研究一下它们之间的相互关系，然后再用一句话描述出这些由你业务中最重要的因素所组成的商业模式，它很可能与你原来的模式不一样，主要原因在于，这个游戏帮助你把注意力全部集中在你最重要的那个用户身上，并以它为基础来发展出你的核心商业模式。

1. 比较一下，你的商业模式有没有变化？
2. 请保存好淡黄色的贴纸上的内容，这是你商业计划书的初稿。

最后，总结下图的问题：

商业模式，就是想清楚你如何赚钱：
1. 谁付你钱——客户。
2. 你给客户啥好处——价值。
3. 你如何让客户掏钱——营销。
4. 你如何将价值送达客户——渠道。
5. 你如何做——主要任务。
6. 你缺少什么——资源。
7. 谁能帮助你——合作伙伴。
8. 你有多少种赚钱方式——产品线。
9. 你需要花费才能赚到钱——成本结构。

【游戏5】

人力资源管理

游戏名称：他的授权方式（环节一）

游戏形式：8人一组为最佳

游戏时间：30分钟

游戏材料：眼罩4个，20米长的绳子一条

适用对象：全体参加团队建设及领导力训练的学员

活动目的：

让学员体会及学习，作为一位主管在分派任务时通常犯的错误以及改善的方法。

操作程序：

①培训师选出1位总经理、1位总经理秘书、1位部门经理、1位部门经理秘书、4位操作人员。

②培训师把总经理及总经理秘书带到一个看不见的角落而后跟他说明游戏规则：

a. 总经理要让秘书给部门经理传达一项任务，该任务就是由操作人员在戴着眼罩的情况下，把一条20米长的绳子做成一个正方形，绳子要用尽。

b. 全过程不得直接指挥，一定是通过秘书将指令传给部门经理，由部门经理指挥操作人员完成任务。

c. 部门经理有不明白的地方也可以通过自己的秘书请示总经理。

d. 部门经理在指挥的过程中要与操作人员保持 5 米以上的距离。

有关讨论：

①作为操作人员，你会怎样评价你的这位主管经理？如果是你，你会怎样来分派任务？

②作为部门经理，你对总经理的看法如何？对操作人员在执行过程中的表现看法如何？

③作为总经理，你对这项任务的感觉如何？你认为哪方面是可以改善的？

游戏名称：模拟部属与领导之间的沟通能力（环节二）

游戏规则：

①5 人为一组，1 人扮演上级主管的角色，1 人扮演直接主管的角色，3 人扮演部属角色。

②任务分别写在以下的角色单中，并用信封将角色单装好分给每个角色。

③上级主管与部属分开做，由直接主管担任联系。

④每组需要共同完成任务，如果完成任务举手示意。

⑤游戏时间 30 分钟。

部属角色单（一）

①你只可以与直接主管及其他两位同事互相写 MEMO 书面沟通，不可以越级报告。

②你和其他人一样，手中都有 5 种图片。

③你的直接主管及上级主管将领导你完成任务。

④手中的图片不可露白，也不可传递。

部属角色单（二）

①你只可以与直接主管及其他两位同事互相写 MEMO 书面沟通，不可以越级报告。

②你和其他人一样，手中都有 5 种图片。

③你的直接主管及上级主管将领导你们完成任务。

④手中的图片不可露白，也不可传递。

部属角色单（三）

①你只可以与直接主管及其他两位同事互相写 MEMO 书面沟通，不可以越级报告。

②你和其他人一样，手中都有 5 种图片。

③你的直接主管及上级主管将领导你们完成任务。

④手中的图片不可露白，也不可传递。

直接主管角色单

①你可以与上级主管及部属在纸上沟通。

②你和其他人员一样，手中各有 5 种图片。

③你的主管将领导你完成任务。

④手中的图片不可露白，也不可传递。

上级主管角色单

①你只能与直接主管沟通，不能越级指挥。

②包括你在内，每人手中都有5种图片。

③你的任务就是"找出每个人手中相同的一种图形，并使每一成员均了解完成任务的答案"。

④完成任务时，请举手。

⑤有任何问题，可举手请教讲师。

⑥手中的图片不可露白，也不可传递。

附 录

第五届"挑战杯"
大学生创业计划竞赛

创业计划书

作品名称：××××
参赛单位：××××
指导教师：××××

××××年×月

目 录

一、执行总结 ·· 160
  1.1 公司宗旨 ·· 160
  1.2 公司简介 ·· 160
  1.3 场地与设施 ··· 160
  1.4 产品与服务 ··· 160
    1.4.1 多样化的餐饮 ·· 160
    1.4.2 DIY 服务 ·· 161
    1.4.3 倾诉服务 ··· 161
    1.4.4 音乐空间 ··· 161
    1.4.5 迷你书屋 ··· 162
    1.4.6 桌面游戏 ··· 162
    1.4.7 发泄小屋 ··· 162
  1.5 公司组织结构 ·· 162

二、市场分析 ·· 163
  2.1 行业背景 ·· 163
  2.2 目标市场 ·· 163
  2.3 竞争分析 ·· 165

三、风险分析及对策 ·· 165
  3.1 市场风险及对策 ·· 165
    3.1.1 市场风险 ··· 165
    3.1.2 对策 ··· 166
  3.2 财务风险及对策 ·· 166
    3.2.1 财务风险 ··· 166
    3.2.2 对策 ··· 166
  3.3 管理风险及对策 ·· 166
    3.3.1 管理风险 ··· 166
    3.3.2 对策 ··· 166
  3.4 盈利模式风险及对策 ··· 166
    3.4.1 盈利模式风险 ·· 166
    3.4.2 对策 ··· 166

四、市场与销售 167
  4.1 市场开拓 167
  4.2 营销策略 167
  4.3 定价策略 167
    4.3.1 基本价格 167
  4.4 市场联络 168

五、财务分析 169
  5.1 投资结构表 169
  5.2 成本计算 169
  5.3 销售额 170
  5.4 利润表 170
  5.5 资产负债表 171
  5.6 现金流量表预测 172
  5.7 收益预测表 173
  5.8 筹资来源 173

六、公司发展战略 173
  6.1 公司战略 173
  6.2 未来规划 173

悠闲居有限责任公司
创业计划书

一、执行总结

1.1 公司宗旨

在悠闲中放松心情，忘却烦恼，享受快乐人生；
在悠闲中调适心态，感怀真情，感悟人生真谛。

1.2 公司简介

悠闲居有限责任公司是一家拟议中的集餐饮、休闲、娱乐为一体的综合性服务公司。公司将提供一系列健康时尚饮料和食品，同时举办各类趣味性活动，帮助顾客排解压力，放松身心，同时开展面对面的交流，弥补当代青年人过分依赖网络社交方式所造成的远离现实社会的不足，增强人们的语言表达能力和人际沟通水平。不论顾客是"乐天派"还是"严肃派"，不管他们是喜欢融身于热闹的人群中，还是喜欢坐在安静的角落里，都可以找到属于自己的那份快乐。我们希望悠闲居成为青年人在工作学习之余驱赶疲惫、放松心情的聚集地。

1.3 场地与设施

公司非常重视店面的选择，选择店址时我们重点考虑的问题有：
1. 交通问题：交通一定不能太偏远且一定要便利，店面附近要有方便停车的地方。
2. 环境问题：周边环境不能太嘈杂，街道干净卫生，环境优美。
3. 根据自身对于目标客户群体的定位，以就近原则进行选择。

公司总部设在淮河路步行街附近，同时，在磨店乡职教基地、大学城区开设分店。

1.4 产品与服务

1.4.1 多样化的餐饮

提供各种具有特色的、时尚的食品及饮品。其中包括合肥本地和国内、国外具有代表性的各种特色食品、饮品。同时，为会员提供预订服务。

1.4.2　DIY 服务

提供 DIY 服务，顾客可自己选择材料，自己动手做各种饮品和食品，如水果、沙拉、蛋糕、巧克力等，也可自己动手做小饰品。同时，顾客做的小饰品可放在本店进行销售。会员可预订制作食品、饮品、小饰品的原材料。

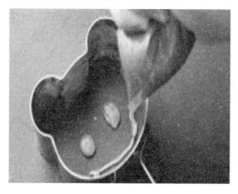

1.4.3　倾诉服务

聘请专业心理咨询师，开展各类倾诉活动，让顾客的真情实感在优雅宁静的氛围中得到充分的倾诉，缓解心理压力，调适心理状态，让顾客轻松面对工作和学习。

1.4.4　音乐空间

提供各种音乐器材，设置表演舞台，给顾客一个展示才艺的机会。如顾客愿意组建自己的乐队，本公司将无偿提供器材，但仅限在本公司经营场所范围内使用。

1.4.5 迷你书屋

在享受休闲时光的同时，为顾客提供一些休闲类书籍，让顾客听着优美的音乐，喝着可口的饮品，让自己的身心完全放松。同时，为顾客提供把自己的作品展示给大家的一个平台。优秀的作品，经投票认可，公司将给予一定的物质奖励。

1.4.6 桌面游戏

公司通过为顾客提供桌面游戏，一方面可以游戏娱乐，训练人的思考力、记忆力、联想力、判断力，另一方面，也可以依据游戏的成绩，对顾客进行一定的物质奖励。

1.4.7 发泄小屋

设置专门的小屋，提供盘子、橡皮人等道具，供客户摔打，以发泄情绪，疏解心情。

1.5 公司组织结构

总经理：主要负责制定公司的经营战略和实施策略，协调各方面的管理工作，推行公司的经营理念，使本公司全体员工对此有一致而且是认同的目标。

副总经理：主要负责配合总经理制定本公司发展战略以及配合各部门策划工作、广告宣传等。

研发部：负责新活动和服务的开发。为公司增加无形资产，全面把握设计趋势及潮流，对设计人员开展常规培训。

市场部：负责公司的市场推广以及市场信息的收集反馈工作。

人事部：负责公司人事管理工作，制定有效的考评和激励机制，负责对人员的招聘、培训并负责后勤工作。

采购部：负责采购食品、设备以及装饰品等。

财务部：对本公司的财务进行管理。

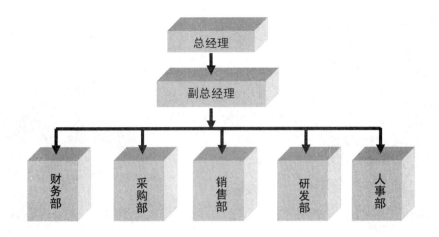

二、市场分析

2.1 行业背景

近几年来，中国餐饮业快速发展。2010 年，国家餐饮业的总收入 17 636 亿元，同比增长 18.0%，占社会消费品零售总额 11.4%；2011 年，餐饮业总收入 20 543 亿元，同比增长 16.9%。商务部发布数据表明，"十二五"期间中国餐饮业将保持 16% 的增长速度。

目前，合肥市各种类型的餐饮企业约有 5 000 家，但大都局限纯餐饮经营，集餐饮、休闲与放松为一体的休闲餐饮经营，在合肥地区几乎没有。

随着人们生活水平的提高，广大市民休闲意识逐步增强，消费需求旺盛，从而形成了休闲与餐饮业相结合的休闲餐饮业。本公司在这样的大背景下，力求打造一个舒适、优美、宽松的环境，让在喧闹的城市中奔波的人们得到一个充满音乐、书香、宁静的场所，从而使其身体和精神获得休憩。

2.2 目标市场

我们第一期的连锁店选址为合肥淮河路步行街、磨店乡职教城和大学城区。

市场一：位于合肥淮河路步行街附近。我们的选址区附近人流量大，经过该地点的公交路线多达近 30 条。该店的目标客户主要为都市白领和青年大学生。他们或是工作压力大或是学习压力大，需要在工作学习之余放松身心，参与休闲活动。另外，我们店内的消费定位为中等消费水平，这对于白领来说自然没有顾虑，而对学生而言可凭学生证享受一定的折扣，这对暂时没有固定收入的学生也具有较大的吸引力。

市场二：位于磨店乡职教基地。该地区较封闭，还处在开发阶段。各校区周围基础设施尚未齐全，更不用说娱乐休闲场所。鉴于该地区在将来会有多所大学进驻，学生总数大约有15万。大学附近的娱乐休闲场所本来就比较吃香，再加上这里租金便宜，目标客户集中，方便宣传，竞争对手较少，可以大大降低管理费用和营销费用。

市场三：位于大学城区。该分店较磨店乡各方面费用会高一点，但可观的消费者数量对我们公司的发展也是有利的。

2.3 竞争分析

经过调查分析，本公司主要竞争对手是各类餐饮店、休闲会所、俱乐部、健身房等，它们大都提供单一的产品和服务，或是餐饮，或是娱乐，或是健身，或是休闲。基于此，本公司将采取集餐饮、休闲与放松为一体的休闲餐饮经营模式，推出个性化、多样化的服务。而且，公司将根据客户的需要提供服务，聘请知名的心理咨询师，用优质的服务吸引顾客，为公司带来良好的口碑，促使创业能够成功。

经过市场调研我们了解到，公司 3 个门店所在位置的休闲娱乐场所总共没有几家，而且环境卫生较差，服务比较单调，没有特点。而我们的公司正是克服了这些缺点，再加上新兴的娱乐项目、经营模式及独特的室内布置，还有针对学生的合理价格，我们相信公司具有较强的市场竞争力。

三、风险分析及对策

3.1 市场风险及对策

3.1.1 市场风险

市场风险主要是，顾客认可并适应我们公司推出的服务和活动需要有一个过程。另外，随着潜在进入者与行业内现有竞争对手的增加，这两种竞争力量将逐步加剧。各公司肯定都会采取更好的服务和价格策略打击对手，因而引起公司产品和服务价格波动，进而影响公司收益。

3.1.2 对策

进一步做大本公司的宣传并提高服务质量,降低成本,提高综合服务竞争力,增强服务适应市场变化的能力;增强市场应变能力,丰富和深化服务的种类;建立一套完善的市场信息网络体系,制定合理的销售价格,增强公司盈利能力;寻求相关产业链同盟的支持;实施品牌战略。

3.2 财务风险及对策

3.2.1 财务风险

公司在发展初期,财务风险主要体现为资金短缺风险,即资金不能满足公司快速发展的需要。公司前期投入主要包括场地租金、装修费用、设施和设备购买的费用以及宣传费用等。

3.2.2 对策

加强对公司资金运行情况的监控力度,最大限度地提高资金使用率;实施财务监管和预算制度;聘请高素质人才进行有效的管理。

3.3 管理风险及对策

3.3.1 管理风险

随着公司规模的扩大,公司的组织结构、管理方法和思想可能不适应不断变化的内外环境。公司的自主研发团队所开发的产品和服务不能跟上消费者需求变化的脚步。

3.3.2 对策

推行目标成本管理,加强成本控制;采取内部培训、外部培训等多种措施,提高管理团队的整体素质;倡导组织创新、思维创新,以适应不断变化的外部环境。

3.4 盈利模式风险及对策

3.4.1 盈利模式风险

悠闲居主要是在节假日以及周末有比较可观的收入,在其余的大部分时间,如何吸引更多的客户来增加收入,也是考虑的重点。

3.4.2 对策

用优质的服务吸引客户,培养公司的忠诚客户群,同时吸引潜在的消费者,以此获得更大的经济效益。另外，还要加强新型产品和服务的延伸，以扩大市场。

四、市场与销售

4.1 市场开拓

本店将采取会员制、VIP 服务、市场营销、网络推销等方式来促进店面运营。与此同时，我们将通过杂志、报纸、海报、网络、自印宣传单与社团联谊等方式，开拓市场业务。

4.2 营销策略

1. 开业首日开展各种优惠折扣活动。
2. 在节日开展系列主题活动。
3. 通过网络进行宣传，如投递电子版宣传册或在各种热门网站刊登广告等。
4. 对于桌面游戏，提供新手入门指导的服务。
5. 自主开发新食品、饮品、服务、活动。
6. 设置消费者反馈系统，提高公司服务水平，切实做到顾客是上帝。
7. 针对老顾客定期给予馈赠，表达我们对其支持的感谢，同时推进顾客由新到老的转变。
8. 针对学生开展夏令营活动，针对白领开展系列沙龙活动。

4.3 定价策略

我们所采用的定价原则是根据类似餐饮、休闲、娱乐服务的市场价格、客户价值、成本和毛利目标来确定。

4.3.1 基本价格

A. 餐饮和 DIY 人均消费 45 元左右

B. 各项服务

基本价格表

心理辅导服务	周一—周五		周六—周日	
	普通价	会员价	普通价	会员价
	180 元/小时	160 元/小时	200 元/小时	180/小时

桌面游戏	周一~周四		周五		周六		周日	
	普通价	会员价	普通价	会员价	普通价	会员价	普通价	会员价
12:00—18:00	8	5	10	8	10	8	10	8
18:00—23:00	10	8	12	10	15	12	15	12
8:00—12:00	24	15	30	24	30	24	30	24

续表

心理辅导服务	周一——周五		周六—周日	
	普通价	会员价	普通价	会员价
	180元/小时	160元/小时	200元/小时	180元/小时

桌面游戏	周一~周四		周五		周六		周日	
	普通价	会员价	普通价	会员价	普通价	会员价	普通价	会员价
13:00—18:00	32	20	40	32	40	32	40	32
发泄小屋	普通价	会员价	普通价	会员价	普通价	会员价	普通价	会员价
8:00—12:00	35	30	40	35	40	35	40	35
13:00—00:00	40	35	45	40	50	40	50	40

注：1. 音乐空间针对学生。
2. 桌面游戏按小时收费，发泄小屋按15分钟收费。
3. 生日当天持本人身份证打五折并赠送精美小礼品一份，其他人8.5折。
4. 付款方式：个人付款可直接到吧台缴纳，会员持充值会员卡持卡消费，只需每次到吧台刷卡一次。
5. 夏令营：平均1 500元/人左右，时间为一周左右，一月两期。

4.4 市场联络

为了让顾客了解本公司的服务和活动，根据不同群体信息来源，我们决定采取以下方式：

市场联络方式

对象	方式	媒介	具体措施
学生	网络	各学校百度贴吧、校内网、腾讯QQ、飞信等	发帖介绍本公司各项服务和活动，创建公司讨论组、QQ群，创建本公司主页
	宣传单	各校内外及周边地区等	分发宣传单、小册子以及优惠券等
	海报	学校宣传栏等可贴地带	制作精美个性、有特色的海报并张贴
	赞助学生活动	校级院级主办的比赛和活动以及社团活动	为比赛活动提供经费以店名冠名，为比赛提供优惠券、会员卡等作为奖品
白领	电视广播	合肥电视台、公交车视频等	制作小段视频展示公司服务活动
	报纸	合肥晚报、合肥日报	登广告做店面介绍
	网络	各热门网站	登广告、发帖介绍本公司
	宣传单	白领聚居区、大型商场、酒吧、KTV、高级休闲场所等	分发宣传单、小册子以及优惠券等

五、财务分析

5.1 投资结构表

公司投资结构表，如下：

投资结构表

序号	项目名称	投资金额/元		
1.1	固定资产	数量	单价	合计
（1）	餐桌	400	100	40 000
（2）	餐椅	1 000	60	60 000
（3）	其他设备	100 000		
（4）	初始装修费	240 000		
1.2	无形资产	410 000		
	小计	850 000		
1.3	流动资产	2 591 400		
1.4	初始投资	3 441 400		

5.2 成本计算

设计年运营收入约为 5 131 680 元，固定资产金额 440 000 元、房屋租金（年付）1 104 000 元。预计固定资产使用 5 年，固定资产折旧采用平均年限法计算（7、8 月份除外）。具体见下表：

每月运营成本构成表

成本项目	金额/元	合计金额/元
设备折旧	7 333.33	7 333.33
库存商品	16 500	16 500
摊销费用	6 833.33	6 833.33
水电费	9 000	9 000
人员工资	79 200	79 200
房屋租金	92 000	92 000
营业费	16 666.67	16 666.67
合计	227 533.33	227 533.33

5.3 销售额

公司销售额见下表：

销售额预测表

项目	地区	
	淮河路	磨店、大学城
	销售额	
餐饮、DIY、小饰品	周六和周日顾客达300人次/日，周一到周五为150人次/日，则周销售额为（300×2+150×5）×45=60 750，则月销售额为243 000元	周六和周日顾客达250人次/日，周一到周五为100人次/日，则周销售额为（250×2+100×5）×20=20 000，则月销售额为80 000元
心理咨询	每周8人，每人1.5小时，人均180元/时，则周销售额为2 160元，月销售额为8 640元	每周15人，每人1.5小时，人均20元/时，则周销售额为450元，月销售额为1 800
桌面游戏	周六和周日顾客达100人次/日，周一到周五为50人次/日，则周销售额为10 800元，月销售额为43 200元	周六和周日顾客达100人次/日，周一到周五为20人次/日，则周销售额为9 000元，月销售额为36 000元
发泄小屋	周六和周日顾客达30人次/日，周一到周五为15人次/日，则周销售额为5 400元则月销售额为21 600元	周六和周日顾客达40人次/日，周一到周五为25人次/日，则周销售额为8 200元，月销售额为32 800元
月总营业额（元）	316 440	150 600
营业额年增长率	4%	4%

A. 初始装修费用中40%为固定资产，60%作为待摊费用，末期无残值，因此，初始装修费的年折扣旧额为：装修费用×40%/5。每年的摊销额为：待摊费用×60%/5

B. 根据国家优惠政策公司前3年的借款不收取利息。

5.4 利润表

公司利润表如下：

利润表

编制单位：悠闲居有限责任公司　　　　　　年度：2012年

项目	本年累计数/元
一、营业收入	5 131 680
减：营业成本	1 352 000
营业税金及附加	157 550
销售费用	200 000

续表

项目	本年累计数/元
管理费用	1 058 400
二、营业利润	2 363 730
三、利润总额	2 363 730
减：所得税费用	590 933
四、净利润	1 772 797

5.5 资产负债表

资产负债表各个项目预测方法：

1. 由于不需要建厂，且店面通过经营租赁的方法取得，所以固定资产仅为初始装修时置办的家具、装饰品及厨房用品及每年年末购置的各种设备、设施，折旧期限为5年。

2. 公司与出租方签订合约，取得房屋的租赁权，这里假设公司在每年年初先提交租金，租赁权的价值为每年的租金，租赁权确认为无形资产。

3. 存货为经营过程中所购进的原材料、库存商品、周转材料和生产成本等。在经营过程中费用化为主营业务成本。

4. 应收账款。经营过程中全部为现金交易，不允许赊账，所以此项为零。

5. 现金费用。经营过程中需要有足够的现金为每天预期消费找零，假设第一年淮河路区现金余额为5 000元，磨店、大学城现金余额为4 000元。随着业务的增长和营业额的增长，现金余额同比增长。

6. 应付账款。应付账款 = 付现成本 × 应付账款回收期/360。其中应付账款回收期为15天。

资产负债表

编制单位：悠闲居有限责任公司　　　　　　　2012年12月31日

资产	期初数/元	期末数/元	负债	期初数/元	期末数/元
流动资产			流动负债		
现金	9 000	9 000	短期借款	500 000	500 000
银行存款	2 421 000	4 563 797	流动负债合计	500 000	500 000
存货	220 000	22 000	非流动负债		
流动资产合计	2 650 000	4 594 797	长期借款	1 000 000	1 000 000
非流动资产			非流动负债合计	1 000 000	1 000 000
固定资产	440 000	440 000	负债合计	1 500 000	1 500 000
减：累计折旧		88 000	所有者权益		
无形资产	410 000	410 000	实收资本	2 000 000	2 000 000
减：累计摊销		84 000	未分配利润		1 772 797
非流动资产合计	850 000	678 000	所有者权益合计	20 000 000	3 772 797
资产合计	3 500 000	5 272 797	负债及所有者权益合计	3 500 000	5 272 797

5.6 现金流量表预测

编制单位:悠闲居有限责任公司　　　　　　　　　现金流量表　　　　　　　　　年度:2012 年

金额	项目\月份	一月	二月	三月	四月	五月	六月	七月	八月	九月	十月	十一月	十二月	合计
现金流入/元	月初现金	9 000	−821 606	−548 212	−274 818	−1 424	271 970	551 650	861 330	1 351 934	1 171 010	1 450 690	1 730 370	
	现金销售收入	412 640	412 640	412 640	412 640	412 640	412 640	412 640	412 640	412 640	412 640	412 640	412 640	4 951 680
	举办夏令营收入							90 000	90 000					180 000
	可支配现金(A)	421 640	−408 966	−135 572	137 822	411 216	684 610	1 054 290	1 363 970	1 764 574	1 583 650	1 863 330	2 143 010	
现金流出/元	员工工资	79 200	79 200	79 200	79 200	79 200	79 200	79 200	79 200	79 200	79 200	79 200	79 200	950 400
	租金	1 104 000												1 104 000
	现金采购支出	22 000	22 000	22 000	22 000	22 000	15 714	15 714	15 714	15 714	15 714	15 714	15 716	220 000
	举办夏令营支出							60 000	60 000					120 000
	营业费	16 667	16 667	16 667	16 667	16 667	16 667	16 667	16 667	16 667	16 667	16 667	16 663	200 000
	水电费	9 000	9 000	9 000	9 000	9 000	9 000	9 000	9 000	9 000	9 000	9 000	9 000	108 000
	税金	12 379	12 379	12 379	12 379	12 379	12 379	12 379	12 379	12 379	12 379	12 379	12 381	148 550
	现金总支出(B)	1 243 246	139 246	139 246	139 246	139 246	132 960	192 960	192 960	132 960	132 960	132 960	147 134	
	月底现金(A−B)	−821 606	−548 212	−274 818	−1 424	271 970	551 650	861 330	1 171 010	1 351 934	1 450 690	1 730 370	1 995 876	

5.7 收益预测表

随着经济的发展和人们生活水平的提高，更多的人尤其是青年人注重追究休闲娱乐。在这个大背景下相信悠闲居很快就能在市场上站住脚，再加上悠闲居自身的成长和发展，以及市场对"悠闲居"品牌的认知，市场会在稳步中得到发展。

公司的收益预测年表，如下：

收益预测表（年表）

年份	2012	2013	2014	2015	2016
净利润/元	1 772 797	2 636 398	3 954 597	5 931 896	8 897 844

5.8 筹资来源

筹资来源表

日期		金额/元	权益比率/%	资金来源
自由储备金第一期	2012 年 1 月	2 000 000	57	创办人
	2012 年 1 月	1 000 000	29	风险投资
	2012 年 1 月	500 000	14	银行贷款

六、公司发展战略

6.1 公司战略

餐饮绿色健康多样化战略：严格保证食品卫生，把好质量关，让顾客吃得放心，吃得舒心；提供国外食品订购服务，DIY 服务。

更新与服务多样性战略：不断开发和引进新的活动和服务，始终保持公司的竞争力。

文化普及战略：在发展初期广泛宣传我们公司的文化，提升公司的知名度，以及在消费者心中树立我们公司的地位。

资本运营战略：最有效地利用资本，使之产生最大的效益。

6.2 未来规划

第一期：2012—2017 年，本公司的文化广泛传播，发展入门级客户，培养忠实消费者。

第二期：从 2017 年起实施扩张政策，在全省各地开设分店，力争使公司成为安徽地区休闲娱乐综合性场所的主要市场领导者。

参考及推荐阅读目录

[1] 张玉利, 陈寒松, 薛红志. 创业管理 [M]. 北京：机械工业出版社, 2013.

[2] 王竹立. 你没听过的创新思维课 [M]. 北京：电子工业出版 2015.

[3] 胡飞雪. 创新思维训练与方法 [M]. 北京：机械工业出版社 2009.

[4] 伊恩·阿特金森. 创新力+：创造性解决问题的 12 种思维工具 [M]. 北京：人民邮电出版社, 2016.

[5] 国家发展和改革委员会. 2015 年中国大众创业万众创新发展报告. [M]. 北京：人民出版社, 2015.

[6] 鲁百年. 创新设计思维 [M]. 北京：清华大学出版社, 2015.

[7] 拉里·基利, 瑞安·派克尔. 创新十型 [M]. 北京：机械工业出版社, 2014.

[8] 檀润华. TRIZ 及应用 [M]. 北京：高等教育出版社, 2014.

[9] 张琴龙, 易思飞. 大学生就业与创新 [M]. 北京：人民邮电出版社, 2016.

[10] 杨光瑶. 优质商业计划书 [M]. 北京：中国铁道出版社, 2017.

[11] 菲利普·科特勒, 凯文·莱恩·凯勒. 营销管理 [M]. 上海：上海人民出版社, 格致出版社, 2012.

[12] 白虹. 思维导图 [M]. 北京：中国华侨出版社, 2017.

[13] 大学生创新创业基础编委会. 大学生创新创业 [M]. 北京：中国林业出版社, 2016.

[14] 陈永奎. 大学生创新创业基础教程 [M]. 北京：经济管理出版社, 2015.

[15] 布鲁斯·R·巴林杰. 创业计划书 [M]. 北京：机械工业出版社, 2016.